最強の食材
コオロギフードが地球を救う

野地澄晴
Noji Sumihare

小学館新書

最強の食材　コオロギフードが地球を救う　目次

はじめに

今日、あなたは何を食べましたか?

ヒトは通常毎日3食、朝食、昼食、夕食を食べる。「あなたは過去に食べたものでできている」という言葉に象徴されるように、食べるものは重要であり、また食べることが直接命とつながっている。毎日のことなので何を食べるかが、まさにあなたの人生を決定することになる。もしその食べ物が入手できなくなったら、あなたはどうするのであろうか?「餓死」、最も回避したい死に方である。

現在、2021年、新型コロナウイルスの感染拡大により、日本において緊急事態宣言が発出された。医療が進歩したこの時代に、この様な感染症が世界に蔓延し、いわゆるパンデミックになるとは、多くの人々は想像していなかった。特に問題は「ワクチンがない!」ことである。日本はワクチンの開発を行っていなかった。18歳以上の日本人が必要なワクチンを海外から輸入するのは、屈辱である。日本は、先んじてワクチンを開発し、むしろ輸出すべきであった。

食料不足の場合はより深刻になる。日本は人口減少に悩まされているが、地球の人口は増加し、そのことにより食料が不足すると予想されている。日本の食料の自給率は低く、もし海外から食料を輸入できなくなった場合、日本はどうなるのであろうか？「ワクチン」は待てるが、食料は毎日必要である。特に、タンパク質が不足すると予想されている。日本はこの課題を解決しておかなければならない。

江戸時代、１７３２年に天候不順により食料飢饉《ききん》が発生した。「享保の飢饉」と呼ばれている。さらに長雨の影響で西日本一帯にイナゴが大量発生し、大凶作となり深刻なコメ不足となった。現代社会には飢饉は生じないのであろうか。近年の地球温暖化の影響による世界的な気候変動は、食料生産にもさらに大きな影響を与えるであろう。食料飢饉が過去のことではなくなる可能性がある。現在の飽食の時代にそれを想像するのは困難かもしれないが、起こってからでは遅いのである。食料を増産するには時間がかかるが、毎日必要なので、ワクチンのように待てないのである。この様な問題を解決する未来の食料がある。その一つが、コオロギフードである。

コオロギ？　日本では、「コオロギ」は「秋の夜長を鳴きとおす虫」としての印象が強い。夜行性で、夜鳴いているので、その姿を見たことがない読者も多いであろう。従って、多くの人々は、「コオロギフード＝コオロギを食べる！」と言われても、なぜコオロギなのか？と疑問を持つはずだ。

コオロギを食べる国では、「陸のエビ」であると言われている。タンパク質の供給源として非常に良い食材であり、非常に有益な7つの特徴を持っているので、現在、次世代の食料として注目されている。その特徴は、

（1）人工的な環境での飼育が簡単で、地球にやさしく、安価で大量に入手可能。

（2）コオロギの全てが食料となり、脱皮殻は医療材料などの素材、排泄物の糞は植物の肥料に使用可能。

（3）ヒトと生命としての基本原理は同じなので、医薬品などの研究に使用。

（4）全ゲノムの解析が行われている。

（5）ゲノム編集などの先端の技術が開発され、医薬品などの工場として使用可能。

（6）RNA干渉法という画期的な方法により遺伝子機能の研究が簡単にできる。
（7）ショウジョウバエより大きいので、電気生理学や生化学的な研究が行い易い。

本書では、これらの特徴について説明する。

日本でも昔から昆虫を食べる地域は存在した。バッタの一種であるイナゴを食べる風習は長野県や群馬県など、海産物が少ない山間部を中心に、現在も残っている。関東の一部では、体長3センチ前後のイナゴの成虫を醤油、砂糖、水飴などで味付けして煮た佃煮として売られている。味は一般的な佃煮と同じで甘辛く、歯ごたえは小エビに似ている。一方、コオロギを食べる風習は残っていないと思われる。ところが２０２０年6月、コオロギが新たな食資源として登場した。そのコオロギをパウダー（粉）にして練り込んだコオロギせんべいが、自然にやさしく、タンパク質リッチな食品として、無印良品（株式会社良品計画）から発売された。売れている！　原料のコオロギ・パウダーを供給しているのは、徳島大学発のベンチャー企業・株式会社グリラスである。

徳島大学は25年前からコオロギに着目して研究を行ってきており、コオロギの世界の最先端の研究をリードしてきた。コオロギを食用に使用するための研究の成果の一つとして、ベンチャーが設立された。

コオロギフードが世界の食料難を救うと言われ、「コオロギ」を食べる時代が来ている。実際、世界は進んでおり、昆虫を食べる習慣のないヨーロッパや米国でも、既にコオロギ・パウダー入りのパンやプロテインバーなどが販売され、普通に食べられている。その理由は、SDGs（エスディージーズ：Sustainable Development Goals〈持続可能な開発目標〉）と密接に関係している。SDGsには17の目標が設定されているが、コオロギは、特に、2番の「飢餓をゼロに」と13番の「気候変動に具体的な対策を」の達成に有用だからである。さらに、3番の「すべての人に健康と福祉を」にもコオロギは関係している。

日本においても、2020年、世界を救う国家的プロジェクトとして、コオロギとミズアブを用いたプロジェクトが採択され、始動している。このプロジェクトは、日本発の破壊的イノベーションの創出を目指し、従来技術の延長にない、より大胆な発想に基づく挑戦的な研究開発（ムーンショット）を推進する新たな制度であり、日本の内閣府及び関連省庁は「ムーンショット型研究開発制度」と呼んでいる。コオロギプロジェクトはその一つである。コオロギを、蜜蜂、蚕《かいこ》に次ぐ、第三の家畜昆虫莕（コオロギ）にするプロジェクトである。

この本で読者に伝えたいことは、「コオロギは地球の危機を救う」ということである。しかし、多くの読者は、コオロギについてほとんど知らない。そこで、コオロギを様々な観点から紹介し、コオロギがＳＤＧｓ達成に非常に重要なスーパー昆虫であることを多くの方に知っていただくために、本書を出版することにした。

第1章

人類の課題：環境悪化と食料不足

肉食が地球環境悪化の一つの原因

マクドナルドの日本第1号店が銀座にオープンしたのは、1971年7月であった。マクドナルドってなに？　と思う読者はたぶんいないであろう。日本の店舗数は約3000、世界に展開しているハンバーガーを売るファストフードの店である。現在のマクドナルドのフランチャイズのシステムを作ったのは、ミルクシェイク用ミキサーのセールスマンであったレイ・クロック氏であり、1955年のことである。日本マクドナルドのホームページによると、ビッグマックは390円、「ビーフパティは、オーストラリアとニュージーランドの自然豊かな大地で育てられた牛を使った無添加ビーフ100％で作られています」とのことである。パティとはひき肉などを薄い円盤型にして焼いたものだ。

一方、米国の小売市場では、植物性代替肉の売れ行きがいいらしい。狩猟民族の子孫である人々は、肉がなければ暮らしていけないと思っていたので、「植物性」の肉が売れるとは信じられない。特に代替肉で有名なのは「インポッシブル・フーズ」と「ビヨンド・ミート」と名付けられた企業である。インポッシブルとは不可能という意味であるが、不可能を可能にした植物性代替肉を製造している。この会社は、２０１１年に、スタンフォード大学生化学名誉教授のパトリック・Ｏ・ブラウン博士により設立された。ブラウン博士は生命科学の分野ではＤＮＡマイクロアレイという遺伝子の画期的な解析技術や、無料で科学や医学の情報が得られる科学雑誌「Plos」を発行する出版社を設立した多才な研究者である。そのブラウン博士がなぜ「植物性代替肉」なのであろうか？　欧米の大学にはサバティカル休暇という制度があり、教員が7年に1度、職務から離れ長期休暇を取得できる。ブラウン博士は２００９年、55歳の時にリフレッシュのためなどに18か月のサバティカル休暇を取得した。彼は、地球の環境問題を解決するために、自分の知識と経験をどのように生かすことができるかを考え、その結果、一つの事実に着目した。それは、牛などの動物を飼育することが環境悪化の大きな原因の一つであるということであった。家畜生産だけで、人間が誘発する温室効果ガス（ＧＨＧ）の総排出量の約15％を占めている。自動車などの運輸関係は約20％である。従って、より効率的な食肉生産システムが必要であることを認識する。そしてその解決法は、「環境にも消費者にもやさしい、美味しくて手ごろな価格の肉や乳製品を植物から直接作る方法」を開発することであるとの結論に至る。どのようにして、そのような肉ができるのであろうか？　そこにフードテックが必要であることに気付いた。

フードテックとは、フード・テクノロジーの略で、現在様々なものがデジタル化されているように、例えば、有名な料理人の「腕」をデジタル化できれば、誰もが再現できるのである。それは、食材の前処理から加熱の温度や時間などを正確にデジタル化し、それを調理機械で可能にすると、誰もが有名料理人の料理を味わうことができるようになる。肉の場合、肉が何であるかを科学的に分析し、さらにそれを焼くことにより、どのような化学的変化が生じているかを解明できれば、それに代わる食材を選ぶことができる。ブラウン博士は生化学者であり、医師の免許も持っているので、肉の成分の解析などに、彼の経験と知識が役に立ったのである。肉はタンパク質や脂肪などからできているが、その独特な味の鍵となっているのが、血中の酸素を運ぶタンパク質が持つ、ヘムと呼ばれる鉄含有分子の豊富さであることを発見する。ヒトの血液にある赤血球の中に、酸素を運ぶタンパク質であるヘモグロビンがある。そのヘモグロビンの中で酸素に結合する部位にあるのが、ヘムである。血液が赤色をしているのはこのヘムが赤いからである。ブラウン博士は次のように言っている。

「全ての生きている植物や動物の細胞にはヘムが含まれている。食品の観点から重要なのは、ヘムが非常に特殊なタイプの化学反応を触媒し、豊富で単純な栄養素をこの数百の多様な揮発性匂い分子に変換することである。それができると、間違いなく肉の香りと味が増す」

ブラウン博士は、植物源から大量のヘムを生成できれば、動物の肉の味を再現できると理論付けた。代替肉のタンパク質には大豆からの抽出物を使用している。日本ではそれを「豆腐」と呼んでいる。非常に単純化すると「豆腐」に植物性のヘムを入れて、肉の色と味をつけたのである。着想から2年後、2011年、ブラウン博士はインポッシブル・フーズを設立する。この方法論は、あらゆる食料に使用できる。肉の次は乳製品であり、魚にも応用できる。つまり、不可能だと思っていることを可能にできるのである。インポッシブル・フーズ社はアメリカ国内と香港、マカオ、シンガポールの約1万7000店のレストラン向けに代替肉バーガーを提供しているほか、アメリカ国内の小売店でも販売している。非上場企業だが、企業評価額は3000億～5000億円になっている。この市場は次第に、レッドオーシャン（激しい価格競争が行われている市場）になっており、最大のライバルは、ビヨンド・ミート社である。

ビヨンド・ミート社を２００９年に創業したのは、イーサン・ブラウン氏である。彼も地球環境の悪化について考え、燃料電池の企業で働いていた。日本経済新聞の記事（２０２０年1月21日）によると、「ステーキを食べながら環境技術について議論する同僚を見て「自動車よりも気候変動への影響が大きい肉の生産に切り込むべきではないか」とブラウン氏は考えた。ブラウン氏は、動物の肉を食べることの問題点は４つあると指摘している。「家畜の数を支えることができないという地球規模の問題。赤身の肉や加工肉を食べると、心臓病や糖尿病、がんになるという人間の健康問題。また、気候や天然資源への影響や、家畜を飼うために必要な大量の水も考慮。そして最後に、動物福祉の問題」。ビヨンド・ミート社が販売しているソーセージの成分についてラベルの記載を参考にすると、豆科植物（legume:レギューム）由来のタンパク質が主で、様々な調味料によって肉の味を出している製品である。２０１９年には、カナダのマクドナルドの28店舗で、ビヨンド・ミート社の植物肉をパティにしている。それをバンズで挟みハンバーガーP.L.T.（植物・レタス・

トマト）と名付け、試験販売をスタートした。マクドナルドの店舗数は世界で約3万8000店舗、もし本格的に販売されると年間2億5000万個の植物肉のハンバーガーが売れることになる。しかし、2021年の春、P.L.T.の正式導入は決められていない。

だが、ビヨンド・ミート社は世界の様々な5万8000店舗で製品をすでに供給している。植物肉は、肉を供給する大型家畜による環境問題を解決するために、世界の食習慣を大きく変えつつある。

日経ビジネス誌（2021年5月31日号）は、「『植物肉』がぐっと身近になった『植物肉』日本発スタートアップが躍動」と題した記事を掲載している。その記事では、植物肉を開発している日本のスタートアップ企業・DAIZ社（ダイズ）を紹介している。この企業により開発された「ミラクルミート」は、発芽した大豆を原料にしている。この「ミラクルミート」を用いた製品がすでに販売されている。DAIZ社は、井出剛氏により2015年に、熊本において創業された。創業のきっかけは、現在のDAIZ社の落合孝次取締役との出会いであった。彼の「穀物として眠っている状態の大豆ではなく、目が醒めて遺伝子が動き始めたばかりの発芽中の大豆に目を向けてください。機能性の世界がガラリと変わりますよ」という言葉に象徴されているように、発芽大豆に着目したミートを製品にしている。「ミラクルミートミンチ、ミラクルミートハンバーグ、ミラクルミートチキン、ミラクルミートツナ、ミラクルミート餃子」などを開発している。その心は、「発展途上国の人口が増え続けると将来、牛肉、豚肉、鶏肉の恩恵を授からない子供たちが増えるのではないかと心配しています。だからこそ、おいしくて機能性があり、そして安価な『植物肉』の出番だと思います」ということだ。ただ、DAIZ社は「日本人は古くから炭水化物は米から、タンパク質は大豆から摂取してきたと思われます。大豆は、豆腐、豆乳、納豆、醤油、みそ、油、乳化剤の原料として日本の食品業界に大きく貢献しています。大豆はいわば食品業界の半導体です。それにも関わらず日本の大豆生産量は非常に低いのが現状です。これは大問題ですね」とも言っている。

そもそもタンパク質が足りない

地球には様々な課題があり、それを解決する必要がある。2015年の国際連合サミットで、地球規模で解決しなければならない目標として、貧困の根絶、飢餓をなくす、地球環境の保全など17の分野を掲げ、「持続可能な開発のための2030アジェンダ」として採択された。2016年から2030年までの持続可能な開発目標（Sustainable Development Goals）はSDGs（エスディィジーズ）と略され、全ての国連加盟国が取り組むことになっており、日本も例外ではない。

特に急がれているのが、やはり環境悪化の問題と人口増による食料不足の課題である。世の中は急速に変化しており、未来を予測することは困難であると言われている。しかし、現在のデータから確実に未来を予測できるデータがある。それは人口変動に関するデータである。もちろん、2020年の新型コロナウイルスのパンデミックや、大地震の発生や火山の大噴火、流星が地球と衝突するなどの事態が勃発すれば、予想とは異なるかもしれない。現時点では、地球の人口は増加し続けるであろう。A．ヴァン・ハウス博士（オランダのヴァーヘニンゲン大学）らが、2013年に発表した報告書によると、2050年には地球上の人口が97億人に達する。そうなると当然、様々な問題が生じてくる。特に深刻なのは食料の問題である。2013年でも約8億人（世界人口の9人に1人）がいまだに空腹を抱えたまま毎晩眠りについている。さらに、世界食料計画によると3人に1人が何らかの栄養不良に苦しんでいるという。飽食の時代と言われる日本でも、空腹を抱えて寝ている子供がいる。

国際連合食糧農業機関（FAO）によると、世界的な人口増加が加速する中で、2020年以降の人口の増加に伴う動物性タンパク質の不足量は2050年には1億トンに上ると予測されており、天然資源に依存しない高効率な動物性タンパク質生産技術の開発は喫緊の課題である。しかし、食用動物性タンパク質の大部分を供給する既存の畜産・水産業は、生産される動物性タンパク質の数倍から10倍もの飼料が必要であり、効率性の面で大きな問題を抱えている。また、飼料となる大豆やトウモロコシなどは、ヒトの食料とも競合するので、大きな問題となる。さらに水産養殖では、配合飼料の主要な原料である魚粉の生産量が、海洋環境の変化や過剰な漁獲により減少傾向にあり、持続性への危機感が高まっている。このような状況から、世界の食料不足は確実にやって来ると予測されている。特に、食肉の需要は世界全体で約1・7倍に増加すると予想されている。しかし、ブラウン博士らが指摘するように、地球の環境の悪化を促進する原因となる従来の畜産による食肉生産の経済的、環境的コストは大きく、規模の拡大による対応は困難である。

昆虫を食べよう

この事態に危機感を覚えた国際連合は、食肉問題解決のために昆虫資源の積極的な活用を提唱した。その根拠が報告書「食用昆虫（Edible insects）」に掲載されている。昆虫食の推進は、ＳＤＧｓ目標２「飢餓を終わらせ、食料安全保障及び栄養改善を実現し、持続可能な農業を促進する」及び、ＳＤＧｓ目標３「あらゆる年齢の全ての人々の健康的な生活を確保し、福祉を促進する」を達成するために、一つの重要な取り組みとして取り上げられている。ホモ・サピエンスはヒト属で現存する唯一の種であるが、ネアンデルタール人など、すでに絶滅した多くの旧人類も含む祖先からおよそ20万〜１８０万年前に分岐し、現在に至っている。種の存続に関わる最大の問題は食料であった。その時代には、もちろん稲もなければ小麦もなく、家畜もまだいない状況であったと想像される。そのような時代には、住居の近くに海や川や湖があれば、住民はタンパク源として、貝や魚を食べたに違いない。しかし、海がない場合は別のタンパク源を必要としたであろう。それはたぶん野生動物で、特に捕獲しやすい昆虫であったと想像される。

実際、世界の中では昆虫を食している国は多く、例えばタイなどは、昆虫食の国である。国際連合食糧農業機関のレポートによると、世界で130か国以上、約20億人が1900種以上の昆虫を常食している。日本で昆虫食にあまり嫌悪感を示さないのは長野県民であろうか。長野県も海に面していないことが昆虫食文化を発展させた理由の一つであろう。実際、イナゴや蜂の幼虫などは、現在も食べられている。昆虫は非常に重要な食料源であるとは言え、社会受容性が低いのも事実である。「昆虫を食べる」ことに嫌悪感を持っている人も多い。私自身がそうであった。しかし、実際に料理されたコオロギを食べてみると美味しいのである。日本国内においても、2016年に農林水産省と農研機構の共催による国際シンポジウム「昆虫の新たな用途展開の可能性を探る」が開催され、昆虫の食飼料化について議論がなされた。

昆虫資源の食用利用への関心は、ヨーロッパや米国で高まっている。もともと昆虫食の文化のない欧米において、昆虫食に関するスタートアップ企業が多数設立され、資金調達に成功している。また、2018年以降、欧州連合（EU）で昆虫は「新規食品（ノヴェルフード）」と規定された。それまでは、各国が独自に販売を認可していた食用昆虫だが、新規食品と規定されることで、一度認可が下りれば、EU全域で流通が可能になるため、市場の拡大に期待がかかっている。欧米の状況については、後ほど紹介する。フードテックの流れは、確実に昆虫食の世界にも来ている。

なぜ昆虫なのか

「ゾウの時間ネズミの時間　サイズの生物学」（本川達雄著・中公新書）が1992年に出版されベストセラーとなった。地球には多種多様な動物が存在するが、動物界を動物の大きさ：サイズに着目して、理解することを紹介している。大きな動物のメリットと小さな生物のメリットが書かれている。

例えば、大きな動物のメリットは、①大きいと環境に左右されにくく、自律性を保っていられる。大きいと体積あたりの表面積は小さくなるので、表面を通しての環境変化を受け難い。②乾燥に強い。③飢えに強い。④能力に余裕があるので知能が発達する余裕がある。⑤体が大きいと強いので闘争に勝つ。などをあげている。

小さい動物のメリットは、①変異が起こりやすい。小さい動物は世代の時間が短く、個体数も多いので、短期間に新しいものが変異で生まれる確率が高い。②小さいものは個体数が多いので、大きな生物に食べられても絶滅する確率は低い。③大きな環境の変化があっても、生きていける環境で何とか耐えることができる。などだ。従って、両者にはそれぞれのメリットがあり、地球上にはヒトと昆虫が共存しているのである。今から約6600万年前、ヒトの祖先はネズミのような小さな哺乳類であり、大きな動物は恐竜であった。ある時、ほとんどの恐竜は突如絶滅した。隕石が地球に衝突して大きな環境の変化、特に食料の不足が生じたのが原因であると言われている。小さなヒトの祖先は、大きな環境の変化に対応できたので、現在は地球で大きな顔をしている。しかし、再度、大きな環境の変化があると、人類は今のままでは生き延びることができないかもしれない。やはり問題は食料である。

昆虫をヒトの食料にすることがどの程度有効なのかを、食料と生命維持に必要なエネルギー量から考えてみる。「ゾウの時間ネズミの時間」の中で、「ウシを食う贅沢」と題した節があり、哺乳類などの体温を一定に保つ恒温動物と昆虫などのように体温が体外の温度に依存する変温動物について、食料から得られたエネルギーがどのように利用されるかを計算している。ヒトなどの恒温動物は体温を維持することなどに大きなエネルギーが必要であり、食料から得たエネルギーの77％を使用し、2％を成長するのに使用し、残りの21％は排泄される。一方、昆虫のような変温動物においては、生命の維持に49％、成長に21％、残り30％が排泄される。この割合は体重に依存しないので、ウシもヒトもネズミも同じ割合である。詳細な説明は同書を参照していただきたいが、食料が同じであれば、変温動物の方が10倍ほど肉を得られることになる。本川教授は本の中で、「早く肉を作りたければ、小さな動物を飼えば良い。少ない餌で肉をたくさん作りたいなら、変温動物を飼えば、恒温動物の10倍の収穫がある。牛肉を食うということは、時間的に見ても、エネルギー的にみても、はなはだ贅沢なことなのだ」と書いている。ここに昆虫食を推奨する理由がある。さらに、昆虫は一般に、高タンパク質であることに加え、ビタミン、ミネラルや不飽和脂肪酸の含有量の点でも優れており、かつ糖質の割合が低いため、機能性食材として有望である。

昆虫がタンパク質源として優れている点について、スカンジナビア航空の機内誌（2018年9月号）から引用する。

表１　コオロギの食用昆虫としての優位性

	コオロギ	イナゴ	カイコ
飼育容易度	○	×	○
発育日数	30日	～数ケ月	30日
サイズ	大	大	大
食性	雑食	草食	草食（桑）
利用方法	食用・飼料用	食用	食用・飼料用
食味	優	優	可
心理的抵抗感	中	中	中
品種改良	既報有	既報無	既報有

コオロギは、東南アジアの食文化に深く根付き、
タイには約２万軒のコオロギ農家が存在する。
昆虫のムーンショット事業（由良敬教授〈お茶の水女子大学〉ら）の
資料から一部引用。

（1）昆虫はCO_2の排出量が牛などの家畜を飼育する場合よりも１００倍少ない。
（2）多くの動物性食材の中で、昆虫は餌の量が最も少なく飼育できる。
（3）１００ｇの生鮮昆虫には１００ｇのステーキと同じタンパク質が含まれている。
（4）昆虫には、タンパク質だけでなく、繊維、脂質、ビタミンなどが含まれている。

コオロギを食べよう！

食べられる昆虫は多いが、その中でなぜコオロギが食料難を解決するのに最も適した昆虫なのであろうか？　国際連合食糧農業機関の報告書「食用昆虫（Edible insects）」（van

Huis et al.2013）では、高効率な動物性タンパク質の供給源としてコオロギの積極的な活用を推奨している。昆虫食として日本人に馴染みのあるのは、イナゴである。蚕もコオロギも非常時には食べたであろう。表1にコオロギ、イナゴ、蚕について食料生産の観点から比較を行っている。多くの昆虫は食べるものを限定する傾向（食性と呼ぶ）があり、例えば、絹を産生する蚕は桑の葉しか食べない。イナゴはイネの葉を餌にする。このような食性があると、飼育が簡単ではない。その点、コオロギは雑食性であり、飼料の入手が容易であることが長所の一つである。つまり、コオロギはヒトが残した食料や使用しなかった食材の部分を餌として使用できる。日本国内においては、近年、国外から約３０００万トンになる大量の食料を輸入しているにも関わらず、食品ロス（食品廃棄の中にまだ食べられるもの）が年間６４６万トンあり、輸入量の約20％にもなっており、その処理が社会的な問題となっている。徳島大学の三戸太郎博士らの研究で、コオロギ飼育において、飼料の一部を食品残渣《ざんさ》で置き換えることが可能であることが明らかになりつつある。この研究をさらに進め、栄養価や安全性を確保し、完全に食品残渣に置き換えることに成功すれば、循環型動物性タンパク質生産システムを構築できる。この研究を発展させることで、食品残渣処理の社会ニーズ解決とともに低コストなコオロギ飼料の供給という産業ニーズの解決にもつながる。高効率なコオロギ養殖を実現できれば、動物性タンパク質の持続的な安定大量供給手段が創出されることになる。このことは世界的な食糧難を回避する食料安全保障の状況を一変させる可能性があり、社会・経済インパクトは非常に大きい。また、コオロギは高密度に飼育可能であり、品種改良の技術が徳島大学において確立されていることも有利な点である。

さらに、コオロギが推奨されるのは東南アジアでの実績による。コオロギは東南アジアの食文化に深く根付き、例えばタイには約2万軒のコオロギ農家が存在する。早稲田大学発の昆虫食・昆虫生産企業であるエコロギーという会社の創業者である葦苅晟矢《あしかりせいや》氏は、2021年現在、カンボジアで食料・飼料原料用に大量のコオロギを養殖生産している。彼はカンボジアに2年弱滞在して、「食と農は『つながる』ことであり、土が文化を作って、食料を生産し、そこにヒトが住むことで農水社会は築かれることを体感した。時代は進歩から循環。昆虫、生物資源を起点に食の循環の図式を科学したい」と2020年11月にツイッターに投稿している。東南アジアでは、コオロギが普通の食品として使用されている

カンボジアでは大量のコオロギが養殖生産されている。（葦苅晟矢氏提供）

ことが、コオロギの有用性を既に証明しており、そのコオロギを食材として、フードテックにより科学的に解析し、全容を解明することにより、その価値が飛躍的に上昇すると考えられる。

紹介してきたように、地球上の人口増加に伴う食料難を解決するために、コオロギは、既存の畜産業と比較して動物性タンパク質を生産するための環境負荷が低く、数倍の動物性タンパク質を生産することが可能であり、食材としての実績もあり、栄養学的にもコオロギフードは最適なのである。まさに、コオロギフードが地球を救うのである。

食用コオロギに適した2種

コオロギと一口に言っても、実は世界には約3000種以上のコオロギが存在している（奥山風太郎著、「図鑑 日本の鳴く虫」）。学術的な分類では、コオロギは、動物界＞節足動物門＞昆虫綱＞直翅目＞コオロギ亜目＞コオロギ上科＞コオロギ科に属する。日本に存在するコオロギ科に属するコオロギは、88種である。日本の本州に生息しているコオロギとしては、例えば秋の夜長を鳴き通しているエンマコオロギなどが知られている。このコオロギは顔が閻魔様に似ているから、エンマコオロギと名付けられた。その成虫は冬になる前に産卵して死んでしまう。卵はそのまま地中で越冬し、暖かくなると孵化《ふか》する。これらのコオロギは、一年に1回しか増えないので、大量飼育には適さない。世界で食用に使用されているコオロギも多様であるが、ここでは主に食用に使用されている2種だけを紹介する。

一つはフタホシコオロギ（学名をグリラス属＞種：グリラス・ビマキュラタス〈*Gryllus bimaculatus* De Geer,1773〉）である。学名は、1773年にピエール・ヘッセルベルクがストックホルムにおいて命名したもので、De Geerとは、スウェーデンとオランダの貴族の家族名である。

ヨーロッパでは黒コオロギとも呼ばれている。しかし、茶色のフタホシコオロギも存在する。フタホシコオロギの翅《はね》に星に見える2つの白い斑点があり、これが名前の由来になっている。メスには後部に長い産卵管がある。この産卵管を利用して、土の中に産卵する。徳島大学の研究チームではフタホシコオロギを利用している。

日本のフタホシコオロギは、石垣島などの南に生息し、一年中産卵し増殖速度が大きいので、食用として非常に有用である。徳島大学の研究チームの試算では、1000個の卵のうち、理想的な環境であると仮定して6割が成虫まで成長し、その5割がメスで、そのうち産卵可能なメスが8割であるという仮定で計算すると、全ての成虫を繁殖用に回すと1年後（6回サイクル）には生育した成虫が約477兆匹となり、それを全てコオロギ・パウダーにしたとすると約9500万トンになるという結果となる。近年、アフリカなどで、サバクトビバッタの大量発生による農業被害が問題になっているが、バッタやコオロギは繁殖の条件が整うと、まさに爆発的に増殖する。コオロギの場合は、爆発的な増殖を人工的に再現できる。コオロギ養殖の容易さから、将来的には宇宙船など極限的な空間における自給食材の候補としても期待されている。フタホシコオロギの詳細は後ほど紹介する。

もう一つの種はヨーロッパイエコオロギ（学名をアケイタ・ドメスティカス、*Acheta domesticus*）である。このコオロギは、名前からわかるようにヨーロッパに生息するコオロギである。成虫の体長は16〜21ミリで、フタホシコオロギより少し小型である。ヨーロッパでは、爬虫類などの生き餌でしか飼育できない動物などの餌として使用されてきた。このコオロギを、イエコオロギと略するが、30℃の温度で飼育すると一年中季節に関係なく産卵し増え続ける。2002年や2010年にヨーロッパや北アメリカにおいて、イエコオロギに感染するコオロギウイルスが出現し、コオロギ飼育場にコオロギが消えた時期があった。そのため、イエコオロギの代わりに、コオロギウイルスに強いジャマイカンフィールドコオロギが使用されている場合もある。このようなウイルスの問題があるため、ウイルスに感染している可能性のある野生のコオロギではなく、系統の明確なコオロギを利用することが飼育には重要である。

人とコオロギの歴史

人類を含む動物の最大の課題はいつも、いかに食料を確保するかである。我々人類は、基本的に他の生命のエネルギーを獲得して生きている。人類は狩猟をする代わりに、食料になる動物、牛、豚、鶏などを家畜化してきた。人工的に飼育することにより、人類は狩猟から解放され、タンパク源を確保してきた。それは非常に賢い方法であったのだが、人口増加により、そのことが現在では環境汚染の原因になっている。一方、人類は、安定的に食料を確保する手段として、農業も開発してきた。稲作の起源は、約1万年前の中国長江流域の湖南省周辺地域と考えられている。漁業の歴史も古いが、養殖が可能になったのは近代であろうか。2002年に近畿大学水産研究所では、世界で初めてクロマグロの完全養殖、家畜化に成功した。近畿大学は完全養殖に成功したクロマグロを近大マグロと呼称し、同大のマグロ料理を提供する専門店を銀座などにオープンしている。食料生産の長い歴史は、幾多の画期的発明により実現されてきており、まさにフードテックが現在の人類の繁栄を支えてきている。

人類は昆虫も有効に利用してきた。蜜蜂が花の蜜を集めてくるように家畜化し、食料ではないが、蚕が絹糸を作るように家畜化してきた。蚕は、今から5000〜6000年も前に中国の黄河や揚子江流域で、繭を作る野生の蛾クワコを家畜化し、農家で飼育しやすい蚕にした。それをやり遂げた昔の人々に敬意を表する。シルクロードができるほど、絹は繊維として貴重であった。

次に家畜化される昆虫は、コオロギである。少しコオロギの歴史について紹介する。中国の清《しん》朝は、1616年に満州において満州族の愛新覚羅《あいしんかくら》により建国され、1644年から1912年まで中国とモンゴルを支配し、最後の王朝になった。その最後の皇帝は愛新覚羅・溥儀《ふぎ》であった。1987年、彼の一生を映画化したベルナルド・ベルトルッチ監督製作の「ラストエンペラー」にコオロギが最初と最後に登場する。小林理研ニュース98号(2007年)の山下充康氏の「コオロギ容れ」からそのシーンの記載を引用する。山下氏は、上海の骨董店でコオロギを入れる奇妙な容器を入手する。そのコオロギの容器からラストエンペラーのコオロギが登場する場面を思い出す。「はじめに登場するのは溥儀が2歳10か月での即位式。荘厳を極めた即位式。静まり返った広場、甲冑に身を固めて兵士が整列している。すると、一人の兵士の懐で突然コオロギが鳴き出す。幼い溥儀は即位式の緊張の中でコオロギの声に救われたように幼児の表情を取り戻し『コオロギだ!(cricket!)』と叫んで兵士に駆けよる。兵士が懐から取り出すのが中国独特のコオロギを入れる容器。そこから大きなコオロギが這い出してくる。二回目に登場するのは約60年後、最後の場面で、紫禁城（現 中国の故宮博物院）の玉座の後ろから、年老いた溥儀がコオロギの容器を取り出して少年に手渡す。少年が蓋を取るとコオロギが這い出し、顔を上げると溥儀の姿はスクリーンから忽然と消えている」。溥儀をコオロギで象徴したと言われている。「邯鄲《かんたん》の夢」ということわざがあり、はかない人生のことを意味する。邯鄲はコオロギ科の虫の名前であり、そのことわざの意味を象徴したとも言われている。

ところで、中国にはなぜコオロギを入れる容器が骨董店にあるのか？

中国ではコオロギを食べる地域もあるが、遊びの道具として発展した。竹内実氏は、2008年「コオロギと革命の中国」と題した本を出版している。それによると、2000年以上前から、中国ではコオロギが蟋蟀《シッシュツ》という名称で呼ばれていた。中国の歴史にコオロギが出てくるのは、唐代（618〜907年）であり、コオロギを戦わせる「闘蟋《とうしつ》」が盛んになった。闘蟋では、2匹のオスコオロギを同じ容器の中に入れると、「喧嘩鳴き」をして威嚇し、激しい攻撃を始める。負けたコオロギは逃げて、勝敗が決する。強いコオロギを育てるために、コオロギ専用の多彩な漢方薬まで開発された。コオロギの飼育に、この漢方薬は役立つかもしれない。この闘蟋は、1200年以上中国内で継続されており、賭博の対象になっている。2015年のあるニュースでは、10月下旬の深夜に北京市内で闘蟋が摘発され、60平方メートルほどの部屋に50人もの男がひしめき、一晩で10万元(約200万円)以上の金が賭けられていたと報じている。日本は中国から多くの文化を取り入れてきたが、なぜか「闘蟋」だけは輸入されなかった。

一方、コオロギは、主に東南アジアで自然食品として食べられてきた。遊び道具か食料品かを左右したのは、気温であろう。実際、タイのバンコクでは、一年を通して、気温は22℃から35℃に変化するが、18℃未満または37℃を超えることは滅多にないので、食用のコオロギにとっては最適である。一方、中国や日本は東南アジアより北に位置し、食用のコオロギは、低い温度が続く冬には死滅するので、食料品にならなかった。現在、日本での食用コオロギの飼育は30℃の環境で行っている。

飼育温度の問題も含め、食用コオロギの家畜化は先端の技術を使って進行している。特に、飼育方法の自動化とコオロギの育種である。後ほど紹介するが、コオロギの遺伝子がほぼ解読され、蚕の場合は数百年以上かかったと推定される家畜化が、数年で達成されると予想している。安定的に、タンパク源を供給する体制を構築することは、国家の危機管理上、非常に重要である。

コオロギの栄養素について

昔から食されてきたコオロギは、他の動物性食品と同様に適切に処理されていれば、一般的に安全である。それを科学的に裏付ける研究が世界で行われている。米国の国立衛生研究所（NIH）の国立医学図書館（NLM）は、世界の学術論文を登録したデータベースを作成し、それを検索するシステムとして「PubMed（パブメド）」を構築、無料で公開している。このシステムを利用すると、例えばコオロギ（cricket）、食べる（edible）という2つのキーワードで検索すると瞬時に113の学術論文がヒットする。ヒットした論文数が年毎に表示される。それによると2014年まで関連する論文は発表されていなかったのだが、その後の5年間に急速に論文数が増加し、2019年がピークになっている。つまり、非常に新しいテーマであることを意味している。論文の内容であるが、例えば、ポーランドのルブリン医科大学のM・モントフスカ博士、E・フォルナル博士らの2019年の論文

「食用コオロギ・パウダーの栄養価、タンパク質とペプチドの組成」が報告されている。その要旨の一部を日本語に翻訳する。「食用昆虫が世界の食料問題の解決策の一つになる可能性があることは、FAOやEUの情報源を含めて様々な情報がある。本報告書は、パウダー状のコオロギに関する知識の向上を目的とした。基本的な栄養組成を分析した結果、コオロギのパウダーはタンパク質（乾燥物の42・0〜45・8％）と脂肪（乾燥物の23・6〜29・1％）に富んでいた。ミネラルでは、カルシウム、マグネシウム、鉄などに加え、銅、マンガン、亜鉛の含有量が特に高かった」と報告している。

ケニアの大学のマガラ博士らの論文では、ビタミンについても記載しており、「食用コオロギには、ビタミンB群やビタミンA、C、D、E、Kなど、必要なビタミン類も豊富に含まれています。今回調査したコオロギは、食用に適し、安全な種であり、植物や家畜の代替となりうる成分を持っています。コオロギは、多くの国の経済や生活に貢献する貴重な役割を果たしており、薬効や社会的利益もあります。この総説により、世界における食料、飼料、その他の利益の源としてのコオロギの認識を高め、持続的な利用のためにコオロギを大規模に養殖することを促進することが期待されます」と記載している。

韓国の安東大学のJ.H.キム教授らは、フタホシコオロギの研究によって、アルコールの過剰摂取による肝炎症などの症状に対して、コオロギの水抽出物を飲むことで予防できると報告している。彼らは、韓国食品医薬品局が食用昆虫として認めているフタホシコオロギで、マウスの急性アルコール性肝障害に対する保護効果を調べた。抽出物をアルコール投与前に投与したところ、アルコールによって誘発された肝臓の症状が減少することを発見した。「これらの保護作用は、肝臓と小腸の両方において、活性酸素を介した酸化ストレスの抑制と関連していた。さらに、抽出物は炎症性シグナルを抑制することが明らかになった。この抽出物の肝臓保護作用は、アルコール性肝疾患の治療薬として知られるシリマリンの保護作用よりも強力であった」と、2019年に科学専門誌「Nutients」に報告している。

ハンガリーの大学の研究者であるB.ビロ博士らは、2020年に科学専門誌「Foods」に、コオロギ・パウダーを入れたオート麦製のビスケットに関する分析と食べた感触について報告している。「サンプルの栄養組成を推定したところ、欧州連合の規則では、10%及び15%のコオロギ・パウダー入りのビスケットは、タンパク源として表示することができることが分かった。色や食感を評価したところ、15％よりも10％のコオロギ・パウダー入りのビスケットが消費者に好まれた」と報告している。いずれにしても、様々な国で食用コオロギの研究が行われていることで、食用コオロギのインパクトが高いことがわかる。コオロギは、タンパク質に加えて、すべての必須アミノ酸、ビタミンB群、ミネラル、必須脂肪酸などの優れた供給源である。また、コオロギには繊維も含まれており、その多くは外骨格を構成しているキチンである。キチンはエビ、カニの硬い甲羅の素材でもある。コオロギの全乾燥重量に基づいてキチンとキトサンの含有量を推定すると、それぞれ4・3〜7・1％と2・4〜5・8％であることが報告されている。唯一、問題があるとすると、人によってはエビなどにアレルギーがあるように、昆虫のタンパク質やキチンにアレルギーを持つ人もいることである。

食用コオロギの腸内細菌への影響

欧米諸国において、コオロギは新しい食材であり、その効能があればそれを知りたいと考えたV・J・スタル博士（ウィスコンシン大学マディソン校サステイナビリティ・地球環境センター）

とT・L・ウィアー博士（コロラド州立大学食品科学・人間栄養学科）らは、コオロギを食べることがどのように健康に影響するのか、特に腸内細菌叢《そう》に与える影響について科学的に調べて、科学専門誌「Sci. Rep」で2018年に発表している。その内容を少し紹介する。

彼女らは、20人の健康な成人に、6週間、1日25グラムのコオロギフードを食べてもらい、その後の腸内細菌に対する影響を調べた。研究では、血液と便のサンプルを採取し、肝機能と微生物相の変化、安全性を評価した。結果は、摂取されたコオロギの量では無毒であることを示した。コオロギのパウダーはプロバイオティクス細菌であるビフィドバクテリウム・アニマリスの増殖をサポートし、5・7倍に増加した。また、血液検査のデータは、コオロギを食べることで腸の健康が改善され、全身の炎症が軽減される可能性があることを示していた。腸内で増えていたビフィドバクテリウムはビフィズス菌のことで、この菌により短鎖脂肪酸が増え、善玉菌数が増える。協同乳業株式会社の松本光晴博士は、ビフィズス菌「LKM512」が腸内で生成するポリアミンに動物の寿命を延ばす効果があることを見つけ、この菌を含む乳製品が販売されている。

なぜコオロギフードが腸内細菌や炎症、免疫力と関係しているのであろうか？　人間の腸内には多くの細菌が生息しており、それを腸内細菌と呼んでいる。その数は約1000種類、100兆個以上とも言われ、ヒトの健康を左右する重要な役割を果たしている。しかも、どの細菌が存在するかにより人の体調に影響することが最近指摘されている。人体に良い影響を与える微生物（善玉菌）、または、それらを含む製品、食品はプロバイオティクス（Probiotics）と呼ばれている。逆に、微生物によって作られ、他の微生物の生育を阻止または死滅させる物質、またはそのような作用を持つ人工合成物質はアンチバイオティクス（Antibiotics）あるいは抗生物質と呼ばれている。

それは2018年1月14日に放送されたNHKスペシャル「人体」第4集「万病撃退！〝腸〟が免疫の鍵だった」で紹介されていたように、最近の研究により、腸はまさに「全身の免疫本部」であることが解明されている。腸は食事を通して外界からの様々な物質を処理するが、その過程で腸に存在する免疫細胞が刺激を受けて活性化され、しかも血液に乗って全身にも運ばれ、体の各所で病原菌やウイルスなどを見つけると攻撃することにより、人体を防御している。従って、腸とは無関係に思える新型コロナウイルス、インフルエンザや肺炎などに対する免疫力の高さも、腸での免疫細胞と密接に関係している。このような腸内での免疫獲得に、腸内細菌が関与している。

プロバイオティクスの一つとして注目されている菌が、宮入近治博士により1933年に発見された宮入菌（酪酸菌：学名クロストリジュム菌〈*Clostridium butyricum*〉）である。この宮入菌は1940年にミヤリサン製薬株式会社が医薬に応用し、医療用及び一般用整腸剤として販売している。さらに、畜産、獣医領域においても応用され、徳島大学と共同研究が行われている。宮入菌（酪酸菌）が産生する酪酸は腸内のエネルギー源として利用され、腸の環境を安定に維持させ、炎症などから守っている。

さらに2010年、東京大学大学院医学系研究科の本田賢也博士らは、酪酸菌が、免疫抑制に必須の細胞である制御性T細胞（Ｔｒｅｇ細胞）を増加させることを明らかにした。Ｔｒｅｇ細胞は、アレルギーや炎症などの免疫システムの行き過ぎた応答を抑制するのに極めて重要な役割を果たすT細胞の一種であり、坂口志文博士（大阪大学名誉教授）により発見された。酪酸菌も様々な菌株が存在し、単独では効果が小さいことも報告されている。また、別の菌もヒトの免疫に関連していると考えられ、今後さらなる研究が必要である。コオロギフードがどのようにして善玉の腸内細菌を増やす活性があるか研究を進めていく必要がある。さらに、ワクチンとの関連についても後に紹介する。

第2章

コオロギフードは徳島大学から

コオロギせんべいの販売開始

無印良品を展開する株式会社良品計画は、２０２０年４月20日にコオロギせんべいを店頭で販売開始する予定で準備を進めていた。問題は新型コロナウイルスの感染拡大であった。２０２０年２月26日に、発症前２週間に武漢への渡航歴のない３人のＣＯＶＩＤ－19のヒト－ヒト感染事例が確認された。新型コロナウイルスは、ＳＡＲＳ－ＣｏＶ－２と呼ばれ、２０１９年12月以降中華人民共和国湖北省武漢市で発生した原因不明の肺炎患者から検出された新種のコロナウイルスである。２月11日、世界保健機関（ＷＨＯ）は新型コロナウイルス感染症の正式名称を「ＣＯＶＩＤ－19」と定めた。日本においても新型コロナウイルス感染が拡大し、２０２０年４月７日に、緊急事態宣言が埼玉県、千葉県、東京都、神奈川県、大阪府、兵庫県及び福岡県の区域に発出された。そのため、新型コロナウイルス感染症拡大防止のため、残念ながらコオロギせんべいの無印良品の店頭発売は延期となった。その後、５月25日に緊急事態宣言は解除されたが、それに先立ち、５月20日からコオロギせんべいの先行販売が無印良品のネットストアにて実施された。無印良品のコオロギせんべいは、以下のように宣伝されている。

「無印良品のコオロギせんべいは、徳島大学の研究をベースに飼育された『フタホシコオロギ』という熱帯性のコオロギを使用しています。全て衛生的で安全な環境で飼育され、温度や湿度を一定に保つことにより通年産卵させることが可能で、食用に使用する量を生産することができます。また、おいしく食べていただけるよう、コオロギをパウダー状にしてせんべいに練りこみ、コオロギの味を活かすために余計な原料を使わず、シンプルな配合にしました。エビに近い香ばしい風味を楽しめます」

5月20日、ネットストアにて販売を開始したところ、何と短時間で完売となった。追加で販売したが、5月30日には、「ご好評につき現在品切れしています」となった。さらに増産し、「ネットストアにて先行販売していたコオロギせんべいを、本日7月10日(金)より一部の店舗に拡大します。11店舗のみでの発売となります。より多くのお客さまにお届けするため、お一人さま3点までのご購入とさせていただきます」とのメッセージが掲

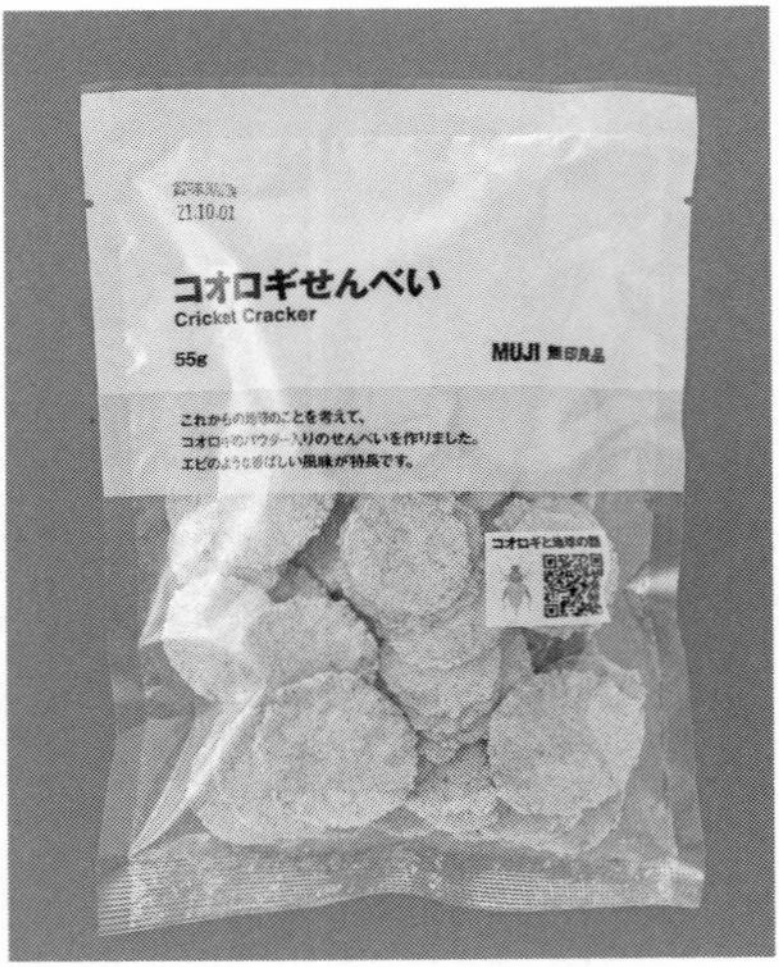

載された。それ以降、コオロギせんべいは順調に売れている。売り出しても早期に売り切れる状況が続いている。

食用コオロギのルーツ

1945年8月6日午前8時15分に米爆撃機B29エノラ・ゲイから原子爆弾が広島市に投下された。当時、広島大学理学部は広島市の爆心地から1・4キロの千田町にあった。現在は東広島市に移転している。

広島大学理学部の校舎はほとんど破壊されたが、時計のある建物は完全に崩れてはいなかった。その時計は長い間修理されずに8時15分で止まっていた。その理学部にカエルの研究者がいた。川村智治郎博士である。1941年に、広島大学の前身の広島文理科大学で川村博士は、カエルの未受精卵に針による刺傷の刺激を加えると、受精していないのに、受精卵のように発生すること（人為単性発生と呼ぶ）を発見し、それに関する研究を行い、博士論文「両生類の人為単性発生の研究」を執筆、理学博士の学位を取得していた（広島大学の歴史より）。川村博士は原子爆弾で破壊された研究室を復興し、生物学上の重要な諸問題の解明に、両生類が発生の実験動物として最適なものであることに着目し、数々の独創的な業績をあげた。１９６７年に、その功績が認められて、広島大学に両生類研究施設が創設された。日本の食用のコオロギであるフタホシコオロギの歴史は、この施設から始まっている。この施設では、研究のため当然多くの種類のカエルなどを飼育しなければならなかったが、問題はその餌であった。当時、私は広島大学の大学院生で生体高分子の研究を行っていたが、研究室にハエが多いことに気がついた。その理由を同僚に尋ねると、「両生類研究施設でカエルの餌として飼育しているハエが逃げ出しているためだ」とのことであった。しかし、ある時からぱったり、そのハエがいなくなったのである。その理由はカエルの餌をハエからコオロギに変えたからであった。

なぜ、コオロギに変えたのか？　それに関する論文が、両生類研究施設の紀要に掲載されていた。著者は、西岡みどり博士と松浦一郎氏であった。西岡博士は川村博士の一番弟子で、後に施設長に就任した。論文の引用文献から推測すると、ミシガン大学の両生類施設で両生類を用いて生物・医学的な研究を行っていたジョージ・W・ネイス博士が1968年に執筆した論文に、餌としてコオロギ（ヨーロッパイエコオロギ）が使用されていることを知った西岡博士は、1972年（昭和47年）、コオロギに詳しい松浦氏に相談したと推測している。様々なコオロギの中から、松浦氏が紹介したのが、フタホシコオロギであった。松浦氏は、1951年に大町文衛氏と共に、日本に生息するコオロギにエンマコオロギ（*Teleogryllus emma*）と名付けたコオロギ学者で、コオロギの鳴き声の研究で有名であった。

フタホシコオロギは、アフリカや南アジアで最もポピュラーであり、一年を通じて産卵し、過密飼育にも耐える理想的な餌である。西岡博士は、松浦氏のアドバイスに従い、1973年からカエルの餌として使用できるかテストを開始した。そのフタホシコオロギは、松浦氏が石垣島から1970年に採取してきたものを使用している。西岡博士は、フタホシコオロギの飼育方法から検討し、カエルの餌として有用性を調べ、論文にした。論文のサマリーをここに要約しておく。

①産卵は、最後の脱皮から3～9日の間に開始され、32～36日間継続する。②産卵され

た卵の数は平均５２００個、32℃の条件では、その80％が７日後に孵化する。③孵化した幼虫は、40～48日で成虫になる（30℃の条件）。④一令幼虫の大きさは２・２～２・５㎜、成虫は30・３～33・６㎜。⑤効率的にコオロギを増加させるためには、最後の脱皮後３日目には、産卵させる準備をして、約１か月間産卵させる。

論文の結論は、「最適な餌である」であった。西岡博士らがフタホシコオロギを石垣島で採取し、本州に持ち帰ってカエルの餌として人工的に飼育したことが、日本全土にフタホシコオロギが普及するきっかけとなった。

たまたま、私が広島大学でコオロギに関する講演をした時に、西岡博士が会場にきておられ、講演の後の質疑応答の時に、「そのコオロギは私が最初に飼育を始めたのだ」とおっしゃった。今や、そのことが、世界を救うことに貢献している。フタホシコオロギの食料としての安全性と有効性は、西岡博士によりすでにカエルで証明されていた。

徳島大学のコオロギ　研究用から食用へ

コオロギとの出合いについて紹介しておく。徳島大学の生活協同組合の書店で、私の目に留まったのは、「昆虫の擬態」（海野和男著・平凡社）の表紙であった。そこには2匹の「コノハムシ」がいた。これは昆虫であるが、しかし、どう見ても葉に変身している。葉脈や縁が枯れた感じなど、「そこまで似せなくても」と、思わずツッコミたくなるほどである。

1992年の夏、私は徳島大学工学部の教授として赴任し、それまでの「手や足がどのように形成されるのか」という発生生物学の研究テーマに加えて、「非常に興味あるテーマだが、誰も研究していないテーマ」、つまり世界的にオリジナルなテーマを探すことにした。昆虫の擬態も不思議な現象である。昆虫がどのように進化したら、葉に似せることができるのであろうか？　昆虫自身が葉を観察してそれに自分が似るように遺伝子を変えることなどできるはずはない、と信じている。興味は尽きない。しかも、当時は昆虫の擬態の分子レベルの研究は、たぶん行われていなかった。従って、昆虫の擬態の研究は、私の要求した研究テーマにピッタリ合っていた。

コノハムシは外来生物法により輸入が禁止されているので、実物を研究することができない。そこで「昆虫の擬態」で紹介されていた花カマキリを研究することにした。蘭の花に擬態している美しいカマキリは、昆虫を食べる昆虫なので輸入できるとのことで、業者に注文して、マレーシアから輸入することにした。問題はその餌であった。花に擬態しているので、当然餌は蝶である。しかし、蝶まで飼育するとなるとコストがかかり過ぎる。そこで、花カマキリを飼育しているマレーシアのペナン島の蝶の展示場に電話をして、餌について尋ねてみた。答えは、「コオロギを餌にする」であった。そして一言、「日本のペットショップで入手できますよ！」。

1995年の夏、小さな段ボール箱が徳島大学工学部の私の研究室に届いた。送り主は「ペットショップ」。数日前に私が電話で注文したものが送られてきたのである。その段ボール箱には約300匹のコオロギが入っていた。確かに箱の中でゴソゴソと何かが動く気配がした。こうして私はフタホシコオロギと最初に出合った。その時、コオロギを食べていたのは、「花カマキリ」であった。25年後の今、コオロギを食べているのは、我々人間である。

ペットショップには様々な動物が飼育されているが、生き餌しか食べないペットがいる。例えば、カエル、蛇、トカゲ、熱帯魚、毒蜘蛛などである。その餌としてフタホシコオロギが使用されている。広島大学のフタホシコオロギがペットショップにも広がったのであろう。

1992年に徳島大学に赴任する前に所属していた岡山大学歯学部の研究室では、脊椎動物の手や足が胚の時にどのようにして形成されるのかを、ニワトリの受精卵を研究材料として研究していた。一個の細胞から細胞分裂を繰り返し、一個の卵の中で最終的にヒヨコができる。このような奇跡的な現象を「発生」と言い、そのメカニズムを解明していた。ニワトリは鳥なので、手の代わりに翼が形成される。「鳥のように翼が欲しい」と歌われるが、翼は手が変化したものである。翼には指があるが、5本ではなく、鳥の祖先の恐竜と同じ3本である。その指の形成を指示する物質を探していた。1993年、その指の形成を指示する物質が発見されたとの情報が米国から入ってきた。「その遺伝子の名前は、ソニック・ヘッジホッグ。セガのビデオゲームに登場するキャラクターであるソニック・ザ・ヘッジホッグからネーミングしたらしい」とのことであった。この名前の学問的な由来は、ショウジョウバエと呼ばれる小バエの突然変異体の名前ヘッジホッグ（ハリネズミ）であった。脊椎動物のヘッジホッグを発見したハーバード大学のクリフ・テビン博士が命名したのである。なぜ、脊椎動物の指の形成を指示する物質が小さなハエにあるのか？

実は、ヒトと昆虫の形のでき方の基本は同じであることを意味していた。詳細は割愛するが、生命の基本原理を知るためには、脊椎動物ではなく昆虫を研究することが早道であることを意味していた。

しかし、当時、私の昆虫の飼育に関する知識は皆無であった。この状況を日本たばこ産業（JT）の生命誌研究館の当時の館長でいらした故岡田節人先生に救っていただいた。1994年、丹羽尚氏が博士課程の大学院生として私の研究室に来てくれた。丹羽氏は、岡田先生のもとで研究がしたく、その旨の手紙を岡田先生に書いた。岡田先生は当時自分の研究室を持っておらず、彼の要望を聞いて、私の研究室を彼に紹介した。彼の存在はコオロギと私の運命を決めることになった。彼は東京農業大学農学部の長島孝行教授の昆虫機能開発研究室で昆虫の研究をしていたので、彼に花カマキリの飼育をお願いした。しかし、結果的にカマキリの飼育に失敗した。残ったのは大量の餌のコオロギであった。この元気なコオロギをどうするのかと考えていた時にふと思い出したのが、ヨーロッパの大学で研究されていた昆虫を用いた脚再生の実験だった。コオロギの脚を切断しても再生するのではないかと思い、丹羽氏にお願いして脚を切断してみると、見事に再生することが分かった。そこでコオロギを実験動物として使用することにした。丹羽氏はコオロギの飼育法など全ての実験系を立ち上げた。この研究は現在も継続されており、ヒトの再生医療に貢献するであろう。当時の徳島大学の研究室は、再生の研究に加えて、発生の研究を行っていた。コオロギの遺伝子情報やその操作法などを開発し、コオロギの研究では世界トップレベルであったが、当時、コオロギを食べることなど考えたこともなかった。最近、当時のカンボジアから徳島大学に留学していた卒業生と話す機会があった。彼が言った言葉が印象的である。「先生の研究室のコオロギが美味しそうだったです」。

2016年頃、SDGsという言葉と同時に、有名な科学誌ネイチャー誌などに、頻繁に昆虫食という言葉を目にするようになっていた。特にコオロギという言葉が昆虫食の対象として掲載される頻度が高くなっていた。「コオロギを食べる」との情報は衝撃的であった。そこで、コオロギを「食べる」という観点で調べてみると、地球上の食料難を解決するためにコオロギが必要であることを理解した。

世界の課題を解決するクラウドファンディングをしよう

2012年、私は徳島大学の研究担当の理事として、大学教員の研究費の不足に悩んでいた。2004年、国立大学は法人化され、毎年国からの予算を1〜1・2%削減されている。徳島大学レベルで毎年約1億円削減されるのである。それが既に16年継続され、定年退職された教員の後任が補充できなくなっていた。従って、若手教員が雇用できないので、教員の平均年齢が上昇していた。これは大学の研究力を大幅に下げる結果となっている。しかも、大学から教員に配分できる研究費が年間数十万円までに減っているのである。大学では教員を採用する時に、最も重視していたのが研究業績である。その教員の研究費が不足して研究ができないのでは、大学の役割が果たせない。この傾向は、徳島大学だけの問題ではなく、日本全国の大学の問題であり、日本の科学技術力の低下の一因となっている。コロナ禍でそのことが可視化され、今や科学技術の後進国になったとまで言われている。現在も同じであるが、国からの研究費の増加は期待できないので、何とか自助努力で研究費を増やす必要がある。

ある日、書店に寄って、いつものように研究費を増やす方法を考えるのに参考になる本が出版されていないか探していた。そこで見つけたのが、サリム・イスマイルら著の「シンギュラリティ大学が教える飛躍する方法」（日経BP社）であった。私はこの本で紹介されていたピーター・ディアマンディスに興味を持った。彼はシンギュラリティ大学の共同創設者で、「BOLD—突き抜ける力」という本を出版し、副題は「超ド級の成長と富を手に入れ、世界を変える方法」であった。なにしろ、副題が魅力的であった。内容は、3部構成であり、第Ⅰ部：Ｂｏｌｄな技術、第Ⅱ部：Ｂｏｌｄなマインドセット、第Ⅲ部：Ｂｏｌｄなクラウド（crowd）である。近年の技術の発展を生かし、世界を変える志を持つ人が、世界の人々（crowd）とつながることにより、達成できること、それが超ド級の富を手に入れる方法であることを示し、その方法を記載している。この本に影響を受け、大学改革にその方法を取り入れるべく、多くの方々から研究費を支援していただける、クラウドファンディングのシステムを立ち上げようと考えていた。

２０１５年、広島大学で開催されたイベントで、アカデミック系のクラウドファンディングを行っていたアカデミスト株式会社の柴藤亮介代表取締役ＣＥＯが講演を行った。「そんな会社があったのか」と渡りに船とばかりに、柴藤社長に、クラウドファンディングの立ち上げにご協力をお願いした。まず徳島大学の案件でクラウドファンディングを行い、実際に研究費が集まるのかを試すことにした。しかし、徳島大学の中で誰も挑戦しようとしない。そこで、２０１６年に徳島大学のコオロギ研究グループである三戸太郎准教授と渡邉崇人助教に、クラウドファンディングに挑戦するようにお願いした。彼らが提案したのは、「食用コオロギ」を開発するための研究資金を集めようというものであり、食用コオロギの安定的な供給を目指した研究を進めるプロジェクトであった。「フタホシコオロギ食用化研究プロジェクト」への支援をしていただくクラウドファンディングを行った。その結果、約60万円の資金を得ることができた。徳島大学教員の第1号のクラウドファンディングで、少額であったが、大きな一歩であった。

そこで徳島大学は大学独自のクラウドファンディングサイトを立ち上げることにした。現在、実際の運営は一般社団法人・大学支援機構が行っている。サイトの名前は「おつくる」であり、ヒトをつくる、良い社会をつくるなどの「をつくる」をサイト名にしたものである。現在までに、総額1億円以上の支援を得ている。サイトはどの大学でも誰でも利用できるので、「おつくる（https://otsucle.jp/）」にアクセスしていただきたい。

非常食用のコオロギパン

徳島県を含む四国は南海トラフによる大地震に襲われる可能性が高くなっている。1912年に「大陸は動いている」と大陸移動説を唱えたのはドイツの気象学者アルフレート・ヴェーゲナー博士であるが、その後、プレートテクトニクス論に発展し、実際にプレートが移動し、その上に存在する大陸も移動していることが示された。南海トラフでは、海側のフィリピン海プレートが陸側のユーラシアプレートの下に1年あたり数センチの速度で沈み込み、それによりプレートの境界で歪みが蓄積されている。この歪みが解放される時に地震が発生する。従って、この地震は繰り返し100年から150年の間隔で生じている。関連する地震は、1854年に安政東海地震、その32時間後に安政南海地震が発生し、約90年後である1944年に昭和東南海地震、2年後に昭和南海地震が発生している。75年後の2019年4月に政府の地震調査委員会は、南海トラフによる巨大地震が今後30年以内に起きる確率について80％に見直したことを公表した。

徳島を含む四国においては、この地震とそれによる津波が生じた時の準備をしておかなければならない。まずは、水と食料を備蓄しておくことが推奨されている。しかし、まだ十分な食料の備蓄がされていないとのデータもある。このことに危機感を持った徳島大学教養教育院イノベーション教育分野の北岡和義博士は、2016年、学生と共に、3年間備蓄可能なパンの缶詰を製作し、それを学校に備蓄することを計画した。

パンの缶詰は、栃木県那須塩原市の株式会社パン・アキモトの秋元義彦社長により発明された。会社のホームページによると、1995年に発生した阪神・淡路大震災の時に、せっかくパンを届けても、食べる前に3分の2は傷んでしまったことなどから、被災者の方々から「柔らかくておいしくて、長持ちするパンを作ってよ」と声をかけられ、それがきっかけとなりパンの缶詰を発明した。いま、パンの缶詰は日本にとどまらず、世界中の途上国や被災地に届けられている。パン・アキモトも、パンを通じた社会貢献を目標に、災害発生時には被災地へ駆けつけ、パンの缶詰を届ける支援活動に取り組んでいる。北岡先生は、備蓄用パンを送ることによる食料支援、そしてそこから生まれる現地との交流を通しての「国際教育・国際支援」につなげることを考えた。南海トラフの地震に備えて、備蓄用パンの缶詰を製作するには、資金が必要である。北岡先生とそのチームが選んだ方法は、クラウドファンディングだった。前述したように「おつくる」というクラウドファンディングのシステムがあり、教員の研究や学生の活動を支援している。このクラウドファンディングには、岡部慎司氏（現株式会社アンテグラル代表取締役）が協力し、約92万円の資金調達に成功した。このパンの缶詰は、３年間の賞味期限が切れる1年前にＮＧＯを介して世界の飢餓地域に支援物資として提供された。

普通の備蓄用パンには一つの課題があった。パンは主に炭水化物なので、それだけでは緊急時にタンパク質の摂取ができない。岡部氏は「フィンランドでは、コオロギ・パウダー入りのパンが売れている」との情報を入手し、「コオロギ・パウダー入りのパンの缶詰を作ること」を計画した。徳島大学の渡邉助教と岡部氏は協力し、大学からコオロギ・パウダーを提供して、コオロギ・パウダー入りのパンの缶詰を作製した。

岡部氏は、様々な焼き菓子やパンの原料にコオロギ・パウダーを練り込んで試作し、試食会を行い、研究を重ねた。現在も、コオロギ・パウダー入りの焼き菓子や加工食品の開発を進めており、おかずなどの試作にも取り組んでいる。この努力が後に生きてくる。

株式会社良品計画とのコラボレーション

2018年、徳島経済同友会は、海外研修として、女性が活躍しているフィンランドなどの北欧を訪問する計画を立てた。出発直前に、フィンランドでコオロギ・パウダーが入ったパンが売れているとの情報が入り、私はそのパンを購入して帰るようにメンバーの一人に依頼した。

ヘルシンキに到着した一行は、コオロギパンを購入するためにスーパーなどに行ったが、既に売り切れであった。その後も目的のパンを探したが、結局入手できなかった。後に、経済同友会のメンバーで徳島経済研究所専務理事の荒木光二郎氏は、女性二人が立ち上げた昆虫食ベンチャー企業ウーリ食品（Wholi Foods）が販売しているチョコレート味のクッキー、デア・スクエヤー（Dare Squares）をインターネットで入手した。そのクッキーを試食した。味は私の好みに合わなかったが、このクッキーが入っている袋には、ヨーロッパイエコオロギの写真が堂々と印刷してある。「日本ではこれはないよね」と誰かが言っていた。

フィンランドの国民の地球環境の悪化に対する危機意識は日本よりはるかに高い。コオロギ・パウダーを練り込んだパンの販売をしていたのは、フィンランドの食品大手ファッツェル・グループのファッツェル・ベーカリー社（Fazer Bakery、本社ヘルシンキ）であった。2017年11月、コオロギパンの販売を開始していた。現在のフィンランドの詳しい状況は後ほど紹介する。

2019年11月、そのフィンランドの首都ヘルシンキに、無印良品のフィンランド1号店となる「MUJI カンッピ ヘルシンキ」がオープンした。欧州最大の売場面積（3600㎡）と品揃えを誇り、カンッピショッピングセンター4階のワンフロア全てがMUJIの店舗となっている。無印良品を展開する株式会社良品計画はグローバル企業であり、MUJIはシンプルなデザインで世界中に知られており、「自然に」「無名で」「シンプルに」「地球大」をモットーとして、現在世界33の国・地域で1043店舗（国内484、海外559店舗）を展開している（2021年2月末現在。ライセンスドストア、カフェミール、イデー含む）。

良品計画代表取締役会長の金井政明氏は、2017年に開催されたフィンランド最大の家具、デザイン、インテリア見本市ハビターレに招待された。金井会長が出席した目的を「MUJIをフィンランドに持ってくるのが夢である」と語っている。実際、無印良品はフィンランドの自動運転バスのプロジェクトやホテル、施設デザインなど様々なプロジェクトに取り組んでいる。２０１９年、金井会長は、フィンランドで無印良品の1号店を出店するための準備にヘルシンキに出張した。フィンランドで、金井会長が見たものの一つが、コオロギパンであったと推測している。良品計画食品部の菓子・飲料担当の山田達郎氏は、フィンランドに無印良品の1号店をオープンするために、フィンランドを訪問した際に、コオロギ入りのお菓子を紹介され、「最初は食べたくない」と思ったと告白している。しかし、コオロギ・パウダーを混ぜたお菓子やパンは、高タンパクでしかも環境負荷が少ない商品であり、ＳＤＧｓの達成に貢献することが「ＭＵＪＩ」のコンセプトに合致していることを理解する。金井会長は、日本でのコオロギフードの開発を考え始めていた。日本国内での情報収集の結果、徳島大学においてコオロギフードが作られていることを知る。その情報は、「徳島大学が食用コオロギプロジェクト」と題した小さな記事から得たものであった。２０１９年4月、良品計画のスタッフが、徳島大学の産学連携部を通じて三戸准教授と渡邉助教に会いに来られた。「コオロギフードを作って、販売したいのですが、コオロギのことを教えてください！」。

コオロギフードの大学発ベンチャー設立

徳島大学のコオロギ研究グループと岡部氏らは、コオロギ・パウダーを入れたどのような食品を作るか?を検討していたので、パンはもちろん、焼き菓子など何に入れても、それなりに良い食品ができる自信はあった。そこでコオロギフード事業を展開することを決めた。

２０１９年5月9日に、徳島大学の渡邉助教、岡部氏、三戸准教授が食用コオロギを生産する大学発ベンチャーを立ち上げ、「株式会社グリラス（https://gryllus.jp/）」と命名した。フタホシコオロギの学名である「グリラス・ビマキュラタス」のグリラスから取ったものである。徳島大学のコオロギ研究グループが長年研究を重ねてきた成果が、世界のタンパク質不足を解消することに利用されることになる。

徳島大学の研究により高効率なフタホシコオロギの飼育を実現できれば、動物性タンパク質の持続的な安定大量供給手段が創出されることになる。このことは世界的な食料安全保障の状況を一変させる可能性があり、ＳＤＧｓの2番の目標の一部を達成することにつながり、社会・経済インパクトは非常に大きい。これまでのコオロギの研究をさらに発展させることで、食品残渣処理の社会ニーズの解決とともに、コオロギの餌として飼料を低コストに供給するという産業ニーズの解決にもつながる。さらに、蚕が絹の生産に最適になるように家畜化されたのと同様に、コオロギを家畜化して、最も食料生産に適した昆虫にしたいと三戸博士らは考えている。さらに、フタホシコオロギに機能性食品としての価値があれば、価値が倍増する。動物実験により機能性探索を進め、新規の商品開発を通じて、社会受容性の向上が達成できる。

しばらくして、良品計画のスタッフが、フィンランドの企業から入手したコオロギ・パウダーを用いて作ったクッキーを、「これはどうでしょうか?」と徳島大学に持って来た。渡邉助教は苦笑しながら、その時のことを話す。「実はほんとに、まずかったのです」。そこで、岡部氏が開発してきたコオロギ・パウダー入りのお菓子を良品計画のスタッフに試食してもらった。「美味しいですね」が答えだった。このやり取りの結果、グリラスの国産コオロギ・パウダーを利用して、日本初のコオロギフードを作製することが決定した。

しかし、大量にコオロギ・パウダー入りの食品を作るとなるとハードルが高かった。良品計画と取引のある食品会社にコオロギフードの製作をお願いしたが、どの会社にも断られた。ある業者は「食品業者にとって、昆虫は天敵ですからね」。一番の問題は、食品業者の虫に対する心理的アレルギーであった。通常の食品製造ラインに昆虫の痕跡が少しでもあると、不良品になるのである。また、食品生産ラインに少しでもコオロギのパウダーを使用すると、そのラインで生産した食品には甲殻類のアレルギーの表示をしなければならない。そのため、少量のロットでも生産を引き受けてくれる食品業者がなかった。ところが、しばらくして、朗報が徳島大学のコオロギ研究グループに舞い込んできた。良品計画のスタッフが徳島大学に持って来たのは、「コオロギせんべい」だった。「味はいかがでしょうか？」。

「コオロギせんべい」の製作

2019年11月、良品計画が声をかけた多数の食品メーカー企業の中から唯一、コオロギフードの製造を引き受けてくれる企業があった。それが、株式会社山三商会であった。海老《えび》せんべいのメーカーである。創業は1954年(昭和29年)、山下三男氏が個人で菓子製造販売を始めた。現会社の設立は1966年（昭和41年）で、自社ブランド「山海庵《さんかいあん》」商品の販売を開始した。場所は愛知県知多郡南知多町大字豊浜である。名古屋駅から約1時間、知多半島を南下、半島の先端に近い場所に工場がある。代表取締役社長は野口英司氏である。

えびせん業界のホームページによると、えびせんは米を原料とする一般的なせんべいと異なり、北海道産の馬鈴薯から作られている澱粉《でんぷん》とエビを材料として用いて製造された菓子の総称である。カルビーの「かっぱえびせん」が有名であるが、材料として、小麦粉も使用しているので、業界のカテゴリー的にはえびせんとはいえないようだ。エビと米を使ったものは「エビおかき」、「エビかき餅」などと称される。

愛知県の県魚は「くるまえび」で、その水揚高が全国上位であり、伊勢湾や三河湾ではたくさんの天然エビが取れるという。昔、小さいエビが大量に取れながらも、食用の需要がなかったのだが、大量のエビを処理する技法が編み出されたことによってエビせんべいが安価で大量に製造できるようになった。しかし、近年、海の貧栄養化によりエビの量が減り、輸入したエビを用いている。

2020年3月、私は山三商会を訪問した。見学が許可され、実際にえびせんが作製される現場を見学した。工場への入退室は厳密な管理が行われていた。ツナギの汚染防止服と帽子を着用し、入り口では細かい埃の除去用粘着ローラーを使用。工場の内外を仕切るエア・シャワーを通り、工場の中に入った。企業秘密があるので、詳細は紹介できないが、半自動化された製造工程を見せていただいた。山三商会の製品では、直径14センチの大判のえびせんが特徴であり、そこには食用のインクで絵や写真を印刷することができる。野口社長は「これまで様々なせんべいを売り出してきたが、ビッグヒットしにくい」とおっしゃった。コオロギせんべいをビッグヒットにすることが、徳島大学グループの使命である。まだまだ、食品として工夫の余地があると考えている。普段、コオロギを食している東南アジアの人々は、エビを海のコオロギと呼んでいるらしいが、普段、エビを食している日本人は、コオロギは陸のエビであると言っても過言ではない。同じ甲殻類であり、条件によっては大量に増殖する動物である。この工場で2020年3月から、コオロギせんべいの生産が始まった。

第3章

コオロギによる循環型タンパク質生産システムの構築

食料のセキュリティ

将来、最も深刻になる危機は、食料の不足である。繰り返し述べるが、ワクチンは待つことができるが、食料は待てない。全国民が毎日必要なのである。地球環境の悪化により、破壊的な気候変動により食べ物が得られないと、食料危機が到来する。その時期を正確に予想できない。新型コロナウイルスの感染拡大についても、予想できなかったことを反省し、食料危機が来ることを前提に対策をとっておかねばならない。特に、日本は食料自給率が低く、ひとたび世界的な食料危機が生じた場合には、食料の輸入はできないと考えておくべきである。従って、国内で安定的に食料を供給できる体制を構築しておかなければならない。そのためにコオロギを利用することは一つの有効な方法である。

コオロギが足りない！　コオロギを完全自動で飼育

2020年4月、コオロギせんべいが無印良品で販売されることになり、大量にコオロギ・パウダーが必要となることがわかった。無印良品は全世界に展開し、店舗数は約10

00店である。現在納品しているコオロギ・パウダーの量では、コオロギせんべいだけでも約20店舗でしか販売できない。もし全店舗で販売するとなると、単純に計算すると、今の生産量の500倍の生産量が必要である。コオロギの生産が需要に追いつかない。どのようにしてコオロギの生産量を増加させるのか、が大きな課題となった。

グリラス社は、徳島大学の中ではコオロギの大量飼育はできないと考え、まず鳴門市にコオロギ飼育施設を設置した。その飼育施設に興味を持っていただいた大企業があった。株式会社ジェイテクトである。ジェイテクトは、トヨタグループ主要13社に属する大手機械・自動車部品製造会社である。ホームページによると連結売上高は約1・5兆円である。2019年6月11日、徳島大学は、ジェイテクトと包括連携協定を締結した。徳島大学が持つ大学シーズを生かした共同研究を行うだけでなく、新領域分野での研究開発・事業化を加速するため、ジェイテクトと横断的産学共同研究事業を立ち上げることを目的とした。徳島大学とジェイテクトの包括連携を通じ、研究分野での交流を推進し、SDGsの達成と貢献に向け、既存事業に留まらない新産業創出と振興を目指している。ジェイテクトは既存事業に捉われない新領域分野の開拓を目指すFFR部（Future & Frontier Research 部）を立ち上げ、新領域分野の研究開発及び事業化を目指している。ジェイテクトの当時の専務取締役・宮﨑博之氏から、徳島とのゆかりについて教えていただいた。ジェイテクトは、2005年に光洋精工株式会社と豊田工機株式会社が合併して発足した。光洋精工株式会社は香川県出身の池田善一郎氏が1921年に大阪で設立した会社であり、徳島県には1963年に工場を設立。グループ会社の光洋シーリングテクノの工場もあり以前からゆかりがあった。

2020年9月9日、ジェイテクトの取締役社長・佐藤和弘氏が来学し、特に、食用コオロギの話題で盛り上がった。「世界から飢餓をなくす」がSDGsの2番のゴールであるが、「それをコオロギで達成する」との熱意がひしひしと伝わってくるお話をしていただいた。しかも、なるべく早急に！　佐藤社長の言葉で、一挙にコオロギの自動飼育装置の開発が加速した。これにより、コオロギ・パウダーを安定的に多量に供給できる体制が整備されつつある。佐藤社長は、「早くアフリカに持って行きましょう」とおっしゃった。今でも多くの人々が食料不足で苦しんでいる。それを解決するのが、ジェイテクトと徳島大学のミッションである。それと同時に、日本の食料のセキュリティ（安全保障）のためにも必要である。

食用コオロギのグリラスが増資、廃校で自動生産により月産10倍に

2021年4月9日、日本経済新聞のコラム「大機小機」に「日本はいつの間に後進国になったか」が掲載され、日本は今やワクチン後進国、デジタル後進国、環境後進国、ジェンダー後進国、人権後進国、財政後進国であることが指摘された。このコラムに限らず、日本の様々な分野での劣化が指摘されている。それがコロナ禍により、より鮮明になった。この状況を日本にもたらした責任は日本の大学にもある。日本の優秀な人材が集まっているはずの大学から、この状況を打破する力が生まれてこなかった。現在の状況を発生させた主な原因は、大学の研究成果を社会実装する仕組みの欠如ではないかと、私は思っている。一つの例だが、グーグル社の持ち株会社であるアルファベット社、コロナに対するmRNAワクチンを開発したビオンテック社も大学から生まれている。日本の大学からも有望な大学発ベンチャーを育てることが、再び先進国になるための方法である。幸いにも徳島にはそのロールモデル（お手本）となる企業が2つもある。1921年に大塚武三郎氏が、

塩田から得られる炭酸マグネシウムなどの販売から起業した大塚ホールディングス株式会社と、1956年に小川信雄氏が高純度カルシウム塩類の販売で起業した日亜化学工業株式会社である。両者とも徳島においてベンチャーとして出発して、現在の繁栄を築いている。その間に徳島大学との産学連携もあった。

その意味で、現在設立されている全ての徳島大学発ベンチャーに期待している。徳島大学には優秀な教員が約1000人も在籍している。教員の設立した大学発のスタートアップや新規に設立されるスタートアップを、大学産業院の「ユーテラ（U-tera）」と名付けたスタートアップスタジオと、徳島大学発の投資ファンド会社である産学連携キャピタル（AIAC）が支援する体制を構築してきた。大学発のスタートアップが、将来的には日本が後進国の中から脱することを可能にする企業に成長することを期待したい。周回遅れの感はあるが、今スタートしないとさらに遅れることになる。

2020年、グリラスは、コオロギ×テクノロジーに取り組むベンチャーとしてさらに発展するために、コオロギを大量に飼育する場所を探していた。グリラスは、ベンチャー・キャピタルのビヨンドネクストベンチャーズを筆頭に、産学連携キャピタル、HOXIN

株式会社などから総額2・3億円の投資を受けた。「資金調達によりコオロギの自動生産システムを導入し、食用コオロギの量産体制を構築。サステナブルな未来づくりに貢献していきます」とプレスリリースを配信した。

徳島には、徳島大学発のベンチャーを支援するファンドがある。2020年3月に、徳島の阿波銀行とクラウドファンディングを行っている一般社団法人・大学支援機構が出資して、産学連携キャピタル（AIAC：田中雅範社長）を設立した。ファンド創設には一般社団法人を利用した仕組みを構築した。これは株式会社東京大学エッジキャピタル（郷治友孝社長）の仕組みを参考にしている。その産学連携キャピタルでは、徳島大学、阿波銀行、地域経済活性化支援機構（REVIC）に所属している方々が、徳島大学発のベンチャーの投資とハンズオンを行っている。

産学連携キャピタルのハンズオンの一つとして、コオロギを飼育する場所についてグリラスに紹介があった。徳島市から西へ高速道路を利用して約1時間の場所に美馬市がある。その美馬市に廃校になった旧芝坂小学校があり、そこを使用しないかとの紹介であった。その小学校は鉄筋の3階建てで、大部分の部屋には壁に黒板がある。この一つ一つの教室

旧芝坂小学校を利用した大規模コオロギ養殖場。

をコオロギの飼育部屋にする構想らしい。小学校の敷地なので、グラウンドやプールがある。これはまさに、コオロギのお城となる。

グリラスは、今回の資金調達により、この廃校を整備し、ジェイテクトと共同で開発を進めている食用コオロギを量産する自動生産システムの導入を進め、食用コオロギの量産体制の構築・強化を行う。生産された食用コオロギはパウダーなどに加工して様々な食品へと生まれ変わるであろう。まずは生産量を10倍にするのが目標である。

コオロギによる循環型食用タンパク質生産

徳島大学のコオロギ研究グループは、次世代タンパク源としてフタホシコオロギに着目しているが、今後の課題である飼育コストの削減や付加価値の増加のためには、革新的なコオロギの生産技術と系統育種技術の開発が必要である。この事業の基本のコンセプトは、「昆虫食」を超えた「完全循環型タンパク質生産体制構築」である。

フタホシコオロギを用いた循環型の動物性タンパク質を生産することを実現するために、まず、フタホシコオロギの特徴を再度確認する。

（1）フタホシコオロギは飼育が容易で成長が早く、雑食であり、かつ、味にクセがないため食用に適する。

（2）通年で繁殖・飼育が可能なことも大きな特徴である。

現在の課題は以下である。

（1）現在の飼育方法では既存の畜産・水産養殖と比較して数倍のコストがかかるので、コストを削減しなければならない。

（2）食品残渣のみでの飼育技術が十分に確立されていない。
（3）昆虫食への抵抗感があるために、社会認知度（社会受容性）が低いこと。
である。

飼育コストを削減し、フタホシコオロギの大規模養殖を実現するには、飼育スペースの効率化が必須である。過密な飼育に適応できるコオロギであるが、当然限度がある。限度を超えると共食いや生育環境の悪化が生じる。現在の単位容積あたりの生産量は、衣装ケース（40×60×30センチ）あたり成虫で1000個体程度（1立方メートルあたり約1万4000匹）である。徳島大学の渡邉助教らは、飼育ケースの仕切りの構造を工夫し、フタホシコオロギの生態を考慮して空間利用効率を適正化することに成功し、単位容積あたり通常飼育の約5倍（1立方メートルあたり7万匹）の高密度生産を可能とした。さらに、日々のコオロギの飼育維持作業及び収穫時の分別作業に関わる人件費が全体のコストの約8割になるので、自動化を実現することが必要である。ジェイテクトは、機械設計・制御・加工、トヨタ生産方式に代表される量産ラインで培ったＩｏＴ・生産技術を、ＳＤＧｓの達成のために、フタホシコオロギの飼育装置の自動化・ＩｏＴ化に応用し、メンテナンスフリー・

高効率生産システムの構築をしている。

グリラスは、渡邉助教らの高密度生産に関わる発明を基盤として、ジェイテクトの技術により給餌や収穫などの飼育作業が自動化されれば、極めて高効率な革新的昆虫大量生産システムが実現できると考える。その完全自動化システムを、旧小学校の各教室に導入し、大量生産を進めるとともに、システム自体の販売及び運用のコンサルティングも行うことにより、日本及び世界への展開を考えているのだ。

さらに、徳島大学で開発している品種改良技術を駆使して、自動飼育装置に適したコオロギの家畜化を進める予定である。このように最先端のテクノロジーを利用して、コオロギの生産効率の最適化を行っている。

食品残渣などの未利用資源の利用

フタホシコオロギが雑食性であることは、非常に重要な性質である。徳島大学の三戸研究室では、飼料の一部を食料残渣で置き換える研究を行ってきた。例えば、大豆から豆腐を製造する過程で、豆乳を絞った際の残渣は「おから」である。おからを利用して飼育をした。一方、小麦から小麦粉を作製する工程で出てくる「フスマ（小さな表皮の破片）」を利用したり、みそ作りの残渣など様々な残渣をコオロギに与え、体重や体重の変化などから成長速度などを解析し、糞などを調べ、その影響を調べている。当然、様々な残渣の栄養素を栄養学の観点からも解析している。コオロギの成分がヒトなどの免疫機能を上げるなどの報告もあるので、機能性を増強するために必要な栄養素についても研究している。得られたデータを基礎に、種々の食品残渣の最も良い混合率を人工知能を利用し、より科学的手法も取り入れ、効率的に明らかにする予定である。

次の課題は、昆虫を食べることに対する心理的ハードルの低い試作的な商品を製作することである。特に、子供用の食品が重要である。ヒトの味覚の嗜好は、6〜8歳までに決定されるらしい。このような現象は、ヒトの他の能力においても知られており、例えば、絶対音感もそのような能力の一つである。絶対音感を持つ人と持たない人の違いは、幼児期の学習の差である。実際にある研究データによると、2歳から6歳までの子供に対して、適切な訓練を行うと、全ての子供達が絶対音感を持てることが報告されている。ただし、ある一定の期間だけそれが可能である。それを臨界期と呼ぶ。言語能力の臨界期は0〜9

歳、絶対音感は0～4歳、その他、視覚の臨界期、聴覚の臨界期、数的能力の臨界期などが知られている。このような能力の獲得に臨界期があるのはなぜか？　理由は脳の発達に関係しているようだが、臨界期を決めているのはエピジェネティクな調節であると考えられている。エピジェネティクス（Epigenetics）については、詳細を省略するので、興味のある読者は調べていただきたい。このような現象は生物の様々な場面で生じている。

実際に食の選択を決定する重要な要素は、幼児期の食事に依存するので、コオロギ食も幼児期から食べていただくことが重要である。さらに、栄養素・機能性物質から得られる「うれしさ」を明確にすることも重要である。より長期的には、メディア戦略も含めて社会認知度の向上を図り、社会浸透を図ることも重要である。また、各ステップと並行して食味改善や機能性向上が見込まれる因子の探索も進めるべきであろう。後に紹介するコオロギ研究所が設置できれば、世界から優秀な研究者が集う国際的な組織を構築できる。

コオロギの脱皮殻からナノファイバー：骨再生の治療などに利用

前述したように、コオロギ1対から1年間飼育を継続すると、生育した成虫が約477

兆匹となる。グリラスにおいては、先に紹介したようにジェイテクトと共同で完全自動飼育装置を開発している。この技術の画期的なところは、コオロギは成虫になるまでに8回脱皮するが、その脱皮した殻を回収できることである。回収したコオロギの脱皮殻をナノファイバーとして利用できる可能性がある。昆虫の表面は硬い殻で覆われている。その成分は、カニの硬い殻と同じである。それを外骨格と呼ぶが、20~30%程度のキチンとキチン結合性タンパク質や炭酸カルシウムで構成されている。中国の武漢大学のフェンファア・タオ博士らは、科学論文「Carbohydrate Polymer、2020」に、キチン・キトサンベースのナノファイバー・スカフォールド（足場）が、骨の細胞外マトリックスに構造的に類似していることが判明し、骨の再生を助けることができることから、骨の再生治療に有効に使用されていることを報告している。この骨再生治療にフタホシコオロギのキトサンおよびキトサンベースのナノ粒子が利用できる可能性を韓国の漢陽大学のK―Sチェ博士らが、科学論文（Biomed. Mater., 2018）で報告している。その論文では、コオロギキトサンのナノ粒子を調製に最適な条件を決め、キトサンの特性を明らかにし、低分子量の昆虫キトサンが機能材料として利用可能であることを証明している。鳥取大学大学院工学研究科の伊福伸介教授によると、殻の成分であるキチンを、キチンナノファイバーとして単離でき、そのファイバーで補強したプラスチックフィルムを作製すると、透明なフィルムができることが報告されている。コオロギ由来のナノファイバーは今後、医薬品、化粧品、繊維などの多方面の分野において、様々な用途に利用されると考えられる。

大豆植物工場との連携　コオロギ糞の肥料としての利用

さらに、自動飼育装置においては、コオロギの糞も回収できる。昆虫の糞は英語でフラス（frass）と呼ばれている。含まれる成分は、窒素、リン、カリウムで、既存の肥料と大きな変化はない。以前に紹介した米国のコオロギを飼育している企業は、フラスを全て農家に販売している。フラスは植物の肥料として利用できる。ＤＡＩＺ社のミラクルミートにおいて指摘されているように、大豆の生産量が日本では非常に少ないことから、大豆の自国での生産量を増やすためには、人工栽培との連携が必要なのではないかと思われる。徳島大学のコオロギのムーンショットプロジェクトにおいては大学院医歯薬学研究部・生体栄養学分野の二川健教授と徳島大学バイオイノベーション研究所の宮脇克行准教授らが宇宙食開発の一環として、大豆の人工栽培について研究をしている。今後コオロギの研究との連携がさらに促進されるであろう。

サーキュラーフード（循環型食品）：シートリアのシリーズ

グリラスにおいては、循環型食用タンパク質を用いた自社ブランドの開発を行っている。コオロギの先を見ると、昆虫という観点よりも、循環型であることを強調することが、ミッションとして重要であると意識している。そこで、自社ブランド名として、「Circulated Cultured Cricket（循環型で養殖されたコオロギ）」を強調した、3つ（Tria）のCを表す「C.TRIA／シートリア」をデザインした。その説明によると、「捨てられるはずのフードロス食材によって育てられたコオロギを介して新たなタンパク質源を生み出す、そんな循環型のフードサイクルを創り出すことで、世界が直面している食料危機や環境悪化に立ち向かいたい」とのことである。このコンセプトに基づいて開発された食品が2021年6月4日、通称「虫の日」に販売を開始されている。その商品について少し紹介する。

シートリア　クランチ「C. TRIA Crunch」

クランチ（crunch）とは、ボリボリ、ガリガリ、バリバリなど噛み砕く音のことである（https://www.weblio.jp/）。それが転じて、キャンディーの砕いたものや、砕いたナッツなどを混ぜた歯ざわりを楽しむチョコレートやあめ類などを意味する言葉になっている。コオロギ・パウダーを使用したクランチをグリラスと共同で商品開発したのは、鳥取県米子市に位置するお菓子の製造販売企業の寿製菓株式会社（社長・城内正行氏）である。１９５２年に河越庄市氏が創業し、鳥取県米子市角盤町に設立された。代表的な製品は、銘菓「因幡の白うさぎ」で、１９６８年に発売されている。ユニークなのは、創業者の母親が伝承していた栃の実加工の技を用いて「とち餅」を製造直売していることだ。

コオロギ・パウダー入りのクランチの商品開発は、寿製菓・営業第三部の森田氏が担当した。コオロギ・パウダーを扱ってみた感想がグリラスのホームページに掲載されている。一部引用する。

「日本ではコオロギを食べる文化は無いですし、当たり前ですが初めて使わせていただいた食材です。ベースとなる知識もゼロの所から、商品開発をスタートしました。想像以上にタンパク含有量の多い優れた食材で、お菓子の中に入れてみても使いやすかったですね。一般的なお菓子作りに使う原料とも遜色なく扱うことができました。大きな開発苦労というのは無かったのですが、今回いただいたコオロギ・パウダーは比較的粒子が大きく、コオロギ本来の色が付いているので使用する商品が限定されてしまうのが少し惜しいと感じた所。今後、その点をクリアしたコオロギ・パウダーができればもっと色々なお菓子とのコラボレーションにチャレンジできるのではないかと思います」

このシートリア　クランチでは、コオロギ・パウダーと大豆パフとの組み合わせによりタンパク質含有率が約40％になっている。驚きの「プロテインバー」である。森田氏からのお客様へのメッセージを紹介しておく。

「コオロギとの出会いを楽しいものにしたい。その想いから、こどももおとなも大好きなチョコクランチを作りました。ほどよい甘さのチョコと、香ばしい風味のコオロギ・パウダーの意外性のあるハーモニーをぜひお楽しみください。はじめての方でも気軽に食べられるおすすめの一品です」

「余計なものを全く入れてないシンプルなクランチです。チョコ由来以外の香料も全く入っておらず、誰でも違和感なく食べられる素朴で美味しいお菓子に仕上がりました。昆虫食の可能性を感じてもらうための良い入口となる商品になったのではないかと思います。このシートリア　クランチを通じて、コオロギという食材について新しく知ってもらえたら嬉しいです！」

シートリア　クッキー「C. TRIA COOKIE」

コオロギ・パウダー入りのクッキーは、徳島県徳島市の少し南に位置する小松島市に本社がある市岡製菓株式会社が商品開発を行った。創業は1949年で、市岡友三郎氏が菓子製造販売業を始めた。現在は、三代目の市岡沙織氏が2018年に社長に就任している。ホームページによると、「市岡のこだわり」として、「徳島県産の農産物を原材料に使用したお菓子の開発／製造を行っており、徳島県内外での販売を行っております。全国的に知名度の高い『なると金時』をはじめ、地域のブランドである『阿波やまもも』『木頭ゆず』等、多彩な原材料が持つ特徴や良さを生かした商品開発に取り組んでいます」。代表的な

シートリアの「シートリア　クランチ」（左）と「シートリア　クッキー」。

製品は、とくしま特選ブランドに認定された「芋きんつば」だ。また、2019年には「木頭柚子ショコラブラウニー 5個入り」が瀬戸内おみやげコンクール2019にてインバウンド賞を受賞している。

コオロギも徳島県産の農産物の原材料と位置付け、「コオロギ・パウダー入りのクッキー2種類を開発した。ちょっとビターなココアと、個性的なハーブ&ガーリック。異なるハーモニーを奏でる2つの味を、一つのセットにした製品である。C.TRIAというブランドを通じて、コオロギが当たり前の文化として根付く未来を共に歩んでいきたい」とのことである。クッキーの開発を市岡製菓で担当した営業開発部の森氏は、コオロギ・パウダーを原料とした開発の様子を次のように述べている。

「実は、10年以上温めていたレシピがあったのです。美味しいけど弊社のコンセプトに合わないからと、製品になっていませんでした。コオロギの味を知った時に、そのレシピが合うのでは、と思いました」。それで、一回目の試作で、これだ！と思える美味しいクッキーができたそうだ。

「コオロギ・パウダーには脂肪分も多く含まれています。当たり前ですけど、もともとコオロギを使うことを想定していないレシピだったので、骨格の所が上手く擦り合うよう材料の引き算や足し算にも気を使いました。その結果、個性的なハーブ&ガーリック味とともに開発したのが、ココア味のクッキーです。コオロギの香ばしさがよくマッチして、多くの人に美味しいと感じてもらえるフレーバーになったのでないかなと思います」

「大きな達成感のある商品開発ができました。ここまで想いの詰まった開発は珍しいですし、お菓子を通じて私たちの想いが通じるかどうか、というのはとても気になります。新しい素材です。好き嫌いが分かれるのも仕方のないことだと思います。けれど、消費者の方がどう思うか、率直な感想がとても楽しみです」

「最近社内でもSDGsへの関心が高まっていたこともあり、フードロスの話題とも密接に関わる食用コオロギは、開発段階から社内での注目度が非常に高かったです。こうした原料に触れることで社内でも改めて環境問題への意識が高まりました。コオロギパウダーの使用は一商品開発という枠を飛び越えて、地球環境のためにも、会社のためにもポジティブな意味を持つ活動に変わっていくのではないかと思います」

さらに、森氏から、コオロギ・パウダーを検討しているメーカーに対して、

「初めての風味で、旨味も強い。個性的、じゃじゃ馬的な食品素材です。使いこなせるようになると面白い商品が生まれるんじゃないかと思います。興味をもった企業様は、ぜひチャレンジしてみてほしいです！」

とメッセージが送られている。

コオロギの味とコオロギ・パウダーを用いた料理

よく聞かれる質問は、「コオロギは美味しいの？」である。コオロギせんべいは「エビ

せんべい」の味に近い。実際、コオロギせんべいを何も説明せずに食べていただき、「どんな味？」と尋ねると、「エビせんべい」との答えが返ってくる。従って、一般的にはエビを用いた料理において、エビの代わりにコオロギを用いると、期待される味の料理が得られると考えている。

実は、コオロギの味は、食べた餌に依存する。野生のフタホシコオロギは、雑食性で草地や耕作地で生活し、そこにある利用できるものを食べていると考えられている。この性質は、飼育する立場からするとコオロギの素晴らしい点である。多くの植食性昆虫は、餌の嗜好性が強く、食べるものが決まっている。例えば、蚕は桑しか食べない。日本産のアゲハチョウ類の幼虫はミカンやカラタチなどの柑橘類の葉しか食べないものが多い。その点、先に紹介したようにコオロギは雑食性なので、何でも食べる。徳島大学の三戸研究室で様々な餌で飼育し、その味を調べたところ、最も美味しいコオロギは椎茸を餌にしたものであった。また、徳島の名産である「スダチ」を餌として食べると、スダチの香りのするコオロギができる。また、「柚子」も同様である。どちらも柑橘類であるが、スダチの場合は皮を残すが、柚子の場合は、皮も含めて食べてしまう。この様に、餌により風味を変えることができる。

朝日放送の「アスミライ〜笑って学べるSDGs〜」という番組で、2021年3月27日、コオロギフードが取り上げられた。番組の前半ではこれまで紹介したコオロギフードなどが採り上げられたが、番組の後半で、料理研究家の小川薫氏（Salon de clover主宰）が考案したコオロギ・パウダー入りの料理がゲストに振る舞われた。コオロギ・卵焼き、コオロギ・コロッケ、コオロギ・みそ汁、コオロギ・炊き込みごはんである。ゲストも最初は、恐る恐る食べていたが、総じて「美味しい」とのコメントであった。そのレシピはグリラスのホームページに掲載されているので、参照していただきたい。

例えば、4人分の卵焼きの場合は、〈材料〉卵3個、コオロギ・パウダー大さじ1・5、塩小さじ¼。〈作り方〉①ボウルに卵を割りほぐす。コオロギ・パウダーを入れてよく混ぜる。②卵を焼く。卵焼き器に分量外の油を入れて熱し、①の卵液の⅓を流し込み、半熟状になったら手前から奥に巻く。同様に2回繰り返す、となっている。今後様々な料理が開発される。そうした料理を提供するレストランも開店するであろう。

第4章
日本のコオロギフードビジネスの展開

日経トレンディにてコオロギフードが上位に

コオロギ・パウダーの大量生産ができれば、様々な食品にパウダーを入れてタンパク質リッチで美味しい食品を作れる。どんな食品を作るのかを計画していた時に、思わぬ情報があった。それは、日経トレンディ（２０２０年12月号）に掲載された「来年２０２１年の予測である。そのトレンディの５番目に入っていたのが、コオロギフードであった。これまで、昆虫に対するアレルギーでコオロギを敬遠していた食品業界が動き出したのだ。それは無印良品のコオロギせんべいの売れ行きなども知って、多くの食品業界がコオロギ・パウダーを食品に入れることに躊躇《ちゅうちょ》しなくなった表れと言える。ちなみに、「ヒット予測の1位」は、無人駅&辺境グランピングであった。どちらも、アフターコロナの新しい傾向になるのであろうか。

コオロギラーメン

２０１９年12月24日に、コオロギラーメンを作っているチームであり、昆虫食の魅力を探究するチーム「アントシカダ（ANTCICADA）」のメンバーが徳島を訪問してくれた。ANTはアリ、CICADAはセミである。このチームが作るコオロギラーメンのコオロギは、グリラスで養殖しているフタホシコオロギに加えて、別の企業のヨーロッパイエコオロギも使用している。コクや香ばしさをしっかりと持つコオロギラーメンである。「アントシカダ」のチームが徳島に来た日、メンバーは夜に徳島の山に入り、光で昆虫をおびき寄せる方法で昆虫を集め、それを食べるとのことであった。チームのメンバーは若く、元気であり、特に篠原祐太代表は、子供の頃から「昆虫食」に目覚めていたとのこと。

2020年1月に、篠原社長が自ら調理したコオロギラーメンを東京で試食した。コオロギラーメンのスープは、出汁をコオロギから取ったものを使用し、さらに麺にもコオロギ・パウダーが練り込まれているものを使用しており、こだわり抜いたラーメンであった。深い良い味で、それは出汁から来ていた。日本料理において出汁は味の基礎となっている。代表的なものは、鰹節と昆布である。1908年、池田菊苗博士は「うま味」を発見した。昆布だしの味成分がグルタミン酸というアミノ酸の一種であることを発見した。この味を「うま味」と命名し、さらにグルタミン酸を原料としたうま味調味料の製造方法を発明した。

それが「味の素」である。鰹節のうま味は核酸の一種のイノシン酸である。コオロギの出汁にはさらに新たなうま味があるのかもしれない。

このチームはさらに、コオロギを発酵させた「コオロギ醤油」を開発し、クラウドファンディングにて、2020年1月8日まで先行販売を開始した。「コオロギ醤油」は1本あたりコオロギ約482匹を用いて造られている。

醤油の製造は基本は大豆と麦を利用する。大豆がタンパク質源であり、麦が糖分源である。処理後、混ぜて、食塩を加えて麹菌を入れて発酵させる。発酵したものを諸味と呼ぶ。この諸味を絞った液が醤油である。コオロギ醤油の場合は、タンパク質源として、大豆ではなくコオロギを用いる。完成したコオロギ醤油はうま味とコオロギ由来の香りを持ち、クセは少なく、様々な料理に使うことができる。

このチーム・アントシカダは、地球に息づくあらゆる生き物を愛し、動物も、植物も、虫も、分けへだてなく向き合える世の中を目指して活動している。特に、「昆虫食への固定観念を払拭すること」は大きなテーマの一つで、昆虫というと、ゲテモノや害虫など悪いイメージが先行しがちだが、食材としての魅力と真正面から向き合い、ポジティブな昆虫食のあり方を提案している。2020年春、日本橋馬喰町《ばくろちょう》にレストラン「ANTCICADA（アントシカダ）」をオープン。コオロギラーメンやコース料理を通じて、食材としての昆虫の魅力を伝えている。

徳島市郊外にも、コオロギラーメンを提供する店ができた。中華そば「田村」である。アントシカダのラーメンとは異なり、コッテリ系である。ローカルテレビの番組でも紹介され、コオロギラーメンの知名度が上がっている。ホームページに「なんでコオロギラーメンを始めたの?」「このコオロギラーメンで今一度、地球環境について考えていただくきっかけになれば幸いです」と。

コオロギフード　お菓子など

2020年12月1日より敷島製パン株式会社（Pasco）は、Pascoのオンラインショップ限定で「Korogi Café（コオロギ カフェ）」シリーズより「コオロギのフィナンシェ」、「コオロギのバゲット」を発売した。ホームページから引用すると、「Pascoは1920年（大正9年）の創業以来、本業を通じて社会に貢献することを理念とし、未来の食糧不安に備え、持続的な食糧の安定供給を目指しＳＤＧｓの取り組みも進めています。このたび、栄養価が高く地球にも優しい昆虫食に着目し、高崎経済大学発ベンチャー企業であるＦＵＴＵＲＥＮＡＵＴ合同会社（群馬県高崎市／ＣＥＯ櫻井蓮）の食用コオロギパウダーを使用した製品を研究・開発しました」。

ＦＵＴＵＲＥＮＡＵＴ合同会社では、フタホシコオロギではなく、ヨーロッパイエコオロギをタイで養殖したものをパウダーにして日本に輸入している。

楽天市場のコオロギ（食品）の通販サイトには、92件の食品が掲載されており、コンフエクショナリー・コオロギの「未来コオロギ　柿の種」や「スーパーコオロギ　玄米グラノーラ」などが紹介されている。

コオロギフード計画が日本のムーンショットに採択

「地球は青かった」とは、１９６１年に人類で最初に宇宙に行ったソ連のＹ・Ａ・ガガーリンの宇宙から地球を見た時の言葉である。当時の宇宙開発競争に負けたアメリカの第35代大統領であるＪ・Ｆ・ケネディは、「１９６０年代が終わる前に人間を月に送り、無事に帰還させる」という、無謀とも思われる計画、アポロ計画を発表した。この計画はムーンショットと呼ばれた。現時点では簡単には実現できない目標だが、実現すれば大きなインパクトとイノベーションを生み出す目標を、ムーンショットと呼んでいる。30年後に地球の課題解決に必要となる科学・技術を、今から開発する手法は「バックキャスト型」の手法と呼ばれている。この手法は重要である。現在持っている能力や状況から考えて適度なチャレンジを設定することをフォアキャスティングと呼ぶ。一方、どうしても必要な目標、ただし到底達成不可能と思えるレベルの目標を実現する方法や技術などを考える方法がバックキャスティングだ。「月に人間を送る」目標は、当時では到底不可能であると世間は思った。しかし、それを目標にすることで、発想が変わる。個人も同じである。前述のP・ディアマンディスは「ムーンショット・マインドセット」が重要であるとしたが、日本語にしたら、「若者よ、大志を抱け」となるのか。実際、〇〇を実現したいと思わなければ、絶対に〇〇を実現することはできない。ちなみに、徳島大学のムーンショット目標は、「世界の課題を解決して、最も豊かな大学になる」である。

2020年7月、内閣府は「ムーンショット型研究開発制度」を発表した。この制度は、我が国発のの破壊的イノベーションの創出を目指し、従来技術の延長にない、より大胆な発想に基づく挑戦的な研究開発（ムーンショット）を推進する新たな制度である。この制度では、未来社会を展望し、困難だが実現すれば大きなインパクトが期待される社会課題などを設定し、研究開発事業を国が支援する。設定された２０５０年までのムーンショットの目標は次の７つである。

1. 人が身体、脳、空間、時間の制約から解放された社会を実現
2. 超早期に疾患の予測・予防をすることができる社会を実現
3. ＡＩとロボットの共進化により、自ら学習・行動し人と共生するロボットを実現
4. 地球環境再生に向けた持続可能な資源循環を実現
5. 未利用の生物機能等のフル活用により、地球規模でムリ・ムダのない持続的な食料供給産業を創出
6. 経済・産業・安全保障を飛躍的に発展させる誤り耐性型汎用量子コンピュータを実現
7. 主要な疾患を予防・克服し１００歳まで健康不安なく人生を楽しむためのサステイ

ナブルな医療・介護システムを実現

この制度に対して多くの大学が応募し、審査があり、最終的に採択されたテーマの一つが、昆虫のプロジェクトであった。

昆虫のプロジェクトは、ムーンショット目標5の「持続的な食料供給産業を創出」に関係している。特に、「微生物や昆虫等の生物機能をフル活用し、完全資源循環型の食料生産システムを開発する」ことを目標に、お茶の水女子大学、早稲田大学、東京農工大学、長浜バイオ大学、徳島大学が連携してプロジェクトを立ち上げることにした。そのプロジェクトマネージャーはお茶の水女子大学の由良敬教授、副プロジェクトマネージャーは早稲田大学の朝日透教授が就任し、「地球規模の食料問題の解決と人類の宇宙進出に向けたコオロギとミズアブが支える循環型食料生産システムの開発」を提案した。その結果、2020年9月に「ムーンショット型農林水産研究開発事業」の一つに採択された。利用する昆虫はコオロギとミズアブである。各大学を中心に幅広い研究・教育機関が参画し、叡智を結集させ、目前に迫る人口爆発に伴う食料問題の解決や人類の宇宙進出を支える食料開発に挑む。地球を救うために全世界から研究者を招聘して世界トップクラスのコオロギとミズアブの研究を行い、さらにその成果を社会実装しなければならない。これは、コオロギとミズアブが主役の日本の国家プロジェクトであり、世界を救うプロジェクトでもある。それを実施するための組織として、本書の最後に紹介するが、株式会社コオロギ研究所などベンチャーを設立することが、ＳＤＧｓ達成のために必要である。

大学発ベンチャーが世界を救う

コオロギを中心として、特に徳島大学発ベンチャーであるグリラスの成長の経緯について紹介してきた。海外、特に米国やイスラエルにおいては、優秀な学生は、起業する。起業の文化が根付いている。一方、日本は未だに、「良い大学へ入学し、良い会社に就職し、一生勤め、定年を迎えることが幸せな人生である」と教えられ、そのように生きている。しかし、歴史的に、世界の課題を解決する企業は、新規に起業されたスタートアップであり、ベンチャー企業である。世界の企業の時価総額ランキング（https://www.180.co.jp/world_etf_adr/adr/ranking.htm）によると、トップ30に日本の企業が入ることはなく、トヨタ自動車でさえ、38位なのである。新興の企業がトップを占めていることが、起業することが世界の課題を解決するには重要であることを意味している。

日本の大学には様々な素晴らしい研究成果がある。しかし、多くの研究者が研究費の獲得に悩み、厳しい環境で研究をしている。研究費はコストではなく、投資である。この投資を生かすためには、研究成果を社会に実装しなければならない。そのマインドセットと仕組みが日本には欠けている。本書で紹介した大学発ベンチャー・グリラスの試みは、今後の大学の研究者のロールモデルとなればと考えている。つまり、大学の研究者が研究して得られた成果は、税金からサポートされたものであり、長期・短期の違いはあるが、社会に実装してこそ、そのサポートに応え、社会を発展させるものである。社会実装の方法は、画期的な成果であればあるほど既存の企業がないので、起業であろう。しかし、多くの研究者はその起業の方法を知らない。従って、研究者には研究費だけでなく、起業による研究資金調達の方法も、興味ある研究者には、同時に提供するべきであり、そうすれば、研究者はもっと自由に、しかも豊かに研究を継続することができる。

次ページにムーショット型事業のコオロギ・プロジェクトの概要図を引用した。社会実装を早急に計画する必要がある。

地球規模の食料問題の解決と人類の宇宙進出に向けた
コオロギが支える循環型食料生産システムの開発
Mission Orientation
課題❻
社会実装
社会に受け入れられる新規産業の創出
●ベンチャー創出・海外展開支援
●ソーシャルイノベーション・アウトリーチ
●リスクマネジメント
課題❺
宇宙進出
要素技術開発
宇宙での食を支える
コオロギ生産システムの開発
●コオロギの極限環境応答解析
●極限環境食料生産システム開発
課題❹
コオロギ由来
食料開発
安全・高機能食材としてコオロギを活用
●哺乳動物に対する安全性・機能性評価
●コオロギ・植物由来機能性食品開発
課題❸
コオロギ由来
水産・畜産
飼料開発
魚粉を代替する次世代水産・
畜産飼料原料としてのコオロギの活用
●虫粉加工・虫体残渣利用技術開発
●養魚・養鶏飼料としての機能性評価
課題❷
環境保全型
コオロギ生産
システム開発
安定生産・環境保全型の
コオロギ生産システムの開発
●省エネ・フルオートメーション飼育装置開発
●資源循環型コオロギ飼料開発
課題❶
コオロギ
ゲノム育種
高品質・安全なコオロギの開発
●優良形質コオロギの品種化
●ゲノム編集に依らないゲノム育種法開発
●コオロギゲノムデータベース構築
農産物（食料）
水産・畜産物
（食料）
極限環境・
宇宙空間
残渣
（飼料）
昆虫
（食料）
残渣
（飼料）
残渣
（肥料）
残渣
（飼料）
生体
（飼料）
コオロギが支える
循環型食料生産システム
●閉鎖型・循環型・自律分散型生産
●安全・安心かつ滋味に富む食材
魚粉代替
動物飼料としての
コオロギ活用
（~2025年）
循環型タンパク質
生産体系の構築
（~2030年）
極限環境への
導入
（~2040年）
宇宙空間への
導入
（~2050年）

「ムーンショット型事業のコオロギプロジェクト計画」（プロジェクトマネージャー・由良敬教授）から引用

第5章
世界のコオロギフードビジネス

先行したフィンランドにおけるコオロギフード

フィンランドの国民は、地球の環境問題に対する意識が高い。日本に先んじてフィンランドでは、コオロギフードのブームが2017～2018年に来ている。日本経済新聞社のウェブサイトに掲載されたメレンダ千春氏による現地リポートを、許可を得て引用する。

「えっ、すごくおいしい」――2018年8月に訪れたフィンランドで、昨年11月に発売され大きな話題となった「ファッツェル・コオロギパン」を食べてみた。同国の大手食品メーカー、ファッツェル社が世界で初めてスーパーで売りに出した材料に昆虫を使ったパンだ。乾燥コオロギの粉が入っていて、小麦粉ベースのパン1個に70匹分のコオロギの粉（パンの重量の3パーセント）を混ぜ込んでいる。

同社は、国内でインストアベーカリー（スーパーなどの店内でパンを焼き販売する店）を展開しているが、コオロギパンは11店のインストアベーカリーで販売を始め、現在は全57店（取材時）に拡大。特に都市部で人気だが、発売当初より地方からや、輸出についても多くの問い合わせがあったという（現段階では輸出の計画はないらしい）。首都ヘルシンキの大手スー

パーでは、一際目立つ場所にコオロギの絵をあしらった緑色のパッケージに入ったパンが並べられていた。あるアンケートで「国民食」としてライ麦パンを挙げた人が最も多かったという国民性だけあって、パン作りにはこだわりがある。コオロギパンも物珍しいパンというだけではなく、ベーカリーで手作りした焼きたてを販売する本格派。その上材料には、ライ麦粒やヒマワリの種、ゴマなども使用し味わい豊か。おいしいわけだ。

もっとも、ファッツェルのこのコオロギパンは今秋で終了。次の商品に切り替わる。新しく登場したのは「ファッツェル・コオロギロール」。丸いパンで、南東部の都市にある拠点で一括生産するため、販売店が限られた最初の製品とは異なり、すべての小売店での販売に対応できるものだ。

フィンランドのコオロギ・ベンチャー企業

昆虫は、2050年には人口が100億人に迫るといわれる世界の食糧難に対応できる食材として、2003年より国連食糧農業機関（FAO）が普及に取り組んできた。フィンランドで食用の虫の飼育・販売が許可されたのは2017年の秋。フィンランド食品局によれば2021年現在、ヨーロッパイエコオロギ、カマドコオロギ、トノサマバッタ、サバクトビバッタ、セイヨウミツバチ、レッサーミールワーム（ガイマイゴミムシダマシ）、イエローミールワーム（チャイロコメノゴミムシダマシ）、アメリカミズアブという8種類の昆虫が認可されている。

同国の昆虫食の代表的企業であり、コオロギ養殖のベンチャー、エントキューブ社（EntoCube、本社エスポー）によれば、「欧州連合（EU）諸国の中ではフィンランドの認可は7番目とスタートは遅かった」と言う。しかし、2014年に同社が設立されたのをはじめ、2017年にはファッツェル・グループがコオロギパンを発売。これは、前述したように、世界で初めてスーパーに並んだ昆虫を原料に用いたパンであり、昆虫食の先駆者としてフィンランドを印象付けたと言えよう。また、翌年には循環経済をテーマとし、昆虫を食材として使用するレストラン「ウルティマ」がヘルシンキにオープンし、これも各国メディアに大きく取り上げられた。エントキューブ社の最高経営責任者（CEO）のジャッコ・コルペラ氏は、「2017〜2018年にかけて、フィンランドでは昆虫食に注目する、最初の大きなうねりがあった」と話す。「認可された昆虫の中でも、ヨーロッパイエコオロギが最もポピュラー」と同氏が指摘するように、この時期にはコオロギを使用したスナック類が多く登場している。

2017年に設立されたエントモファジー・ソリューションズ社（Entomophagy Solutions、通称エンティス、本社トゥルク）は、「昆虫食の入門版として最適」と、チョコレートでコーティングしたコオロギを発売した。コオロギはゆでた上、乾燥させたものを用いている。主要顧客は環境問題や健康に意識的な人々だ。さらに2019年には、より日常的なタンパク源として、コオロギ・パウダーを含んだプロテインパウダーなどを発売。健康的でアクティブな生活のサポートをうたい、新しい顧客層の開拓を目指している。プロテインパウダーは様々な野菜を用いた植物由来のタンパク質をベースにしているが、コオロギ・パウダーを加えることで栄養価をアップ。「タンパク質を構成するアミノ酸だけでなく、鉄、亜鉛、ビタミンB_{12}なども加わっている」（同社）と言う。エンティス社の製品はフィンランド国内だけでなく、ヨーロッパ6か国で販売されている（2021年2月現在）。「こうした栄養価に焦点を当てた商品は、ヨーロッパ以外の国も含め、市場で顕著なトレンドになりつつある」とコルペラ氏は言う。

食材として昆虫を用いたレストランでは「ウルティマ」のほか、ミシュラン一つ星店「レストラン・ルオモ」のオーナーシェフであったヨウニ・トイヴァネン氏による、席数限定の月1回開催のディナーが注目を浴びた。2018年当時ヘルシンキで開催されていたもので、中には昆虫をテーマにしたディナーもあり、コオロギのセビーチェがメニューに並んだ。その他にも、ラム肉とアリの料理、ハチの子のおかゆなどが登場し、予約困難なほど人気を集めたという。

2016年にフィンランドのトゥルク大学が行った調査によれば、同国人回答者の70％が昆虫食に興味があると回答したといい、「北欧諸国の中でも虫フレンドリーな国との調査報告がある」（ファッツェル社）という背景も、食用の虫に対する同国での関心の高まりを後押ししていたようだ。

どこでもコオロギを養殖

一方、ヘルシンキ近郊の都市エスポーにメインキャンパスがあるアールト大学の学生などによって設立されたエントキューブ社は、「コオロギは、世界各地で食用とされており昆虫食の入門的な食材」と言う。同社のデータによれば、コオロギ（ヨーロッパイエコオロギ）には100グラム中タンパク質が16・5グラム含まれており、同21・1グラムの牛肉とあまり変わらない。飼料要求率（飼料摂取量を畜産物の生産量で割って算出。体重1キロを増加させるために必要な飼料の量を示す）は、コオロギ1・7に対し肉用牛は25で、圧倒的にコオロギの方が環境負荷が少ないことがわかる。

同社は当初、コオロギを使った数種のスナックも手掛け、「姿焼き」のようなローストコオロギを使用していた。こうしたスナックは人気を呼んでいたが、現在同社は自社開発のコオロギ養殖システムに事業を絞っている。

事業戦略は同社の共同創業者の一人であるコルペラ氏が、2018年10月、CEOに着任してから転換した。養殖システムの技術開発は起業時から事業モデルの核であり、これに注力することで、この分野で業界をリードする存在となることを目指している。

同社の最新システムは、0・7立方メートルの不透明な密閉容器の中でコオロギを飼育するもので、給餌、給水、庫内温度や光を当てる時間の調節など飼育に必要な環境管理を自動的に行う。「このシステムは、細かな管理が必要ではなく、飼育場所を選ばないことが最大の特徴。コオロギは30℃という高い温度下で育てる必要があるが、密閉容器で飼育することで、温度管理ができない建物内でも養殖できる。そのため様々な既存の建物をコオロギ農場に転換することが可能だ」とコルペラ氏は説明する。一つの容器で、月15キロのコオロギが養殖できるという。「コオロギ養殖へのテクノロジーの導入はまだ初期段階にあり、当社のシステムは極めてユニーク」と同氏は話す。なお、エントキューブ社のシステムは日本でも、雑貨のＯＤＭ・ＯＥＭメーカーであるヒューネットが新規事業として導入した。２０２１年から同システムの日本での販売及びコンサルティング業に乗り出している。

コルペラ氏は大学でバイオテクノロジーを学んだエンジニアだ。10年前に東南アジアにて、昆虫食やコオロギ農場と出合った。ＦＡＯのラオス国事務所に勤務し、ラオスやその周辺国での昆虫の養殖プロジェクトに参加したのだ。プロジェクトは、伝統的に昆虫が食べられてきた東南アジアで、栄養面や収入源として昆虫食に注目する内容だった。同氏はこの機に養殖事業だけでなく、同地域における昆虫食に関する法律や商業化について学んだという。「衝撃的だったのは、当時のＦＡＯラオス国事務所の代表が、今後の世界の食事情をかんがみて、途上国だけでなく、世界的に昆虫は重要な動物性タンパク源になると考えていたことだ」とコルペラ氏は振り返る。

2011年に帰国後、大学で食品開発に関わる中、昆虫食の可能性についてイベントなど機会があるごとに話したところ、エントキューブ社の共同創業者となるロバート・ネムランデル氏から声がかかり、他の数人と共に同社を立ち上げることになった。やはりエンジニアで、宇宙飛行士の候補であったネムランデル氏が事業のアイデアを思い付いたのは、真冬に建築現場の暖かなコンテナオフィスに足を踏み入れたときのことだ。管理した環境で育てられる食用昆虫ならば、雪の中や砂漠、そして火星でも育てられると気付いたのだ。

同社では、実験的にヨーロッパで最も深い鉱山であったピュハサルミ鉱山（現在は廃坑）の地下約1400メートルの鉱坑で、コオロギの養殖を行っている。来るべき人口増加に対応するための都市近郊における大規模養殖や、火星における地下居住地での養殖のシミュレーションを行うためだ。

EUの昆虫食マーケット

第1章で述べたように昆虫は、2018年にEUで「新規食品（ノヴェルフード）」と規定された。新規食品とは、1997年5月15日以前、EU域内で人が一定程度消費していなかった食品や食品原料を指す。実は、新規則の発効以前、EU内での食用昆虫の扱いはあいまいで、各国が独自に判断し販売を許可していた。規定の改定により、2018年1月より昆虫も新規食品として扱われることになったため、EUでの販売は欧州食品安全機関（EFSA）による食品としての安全性の審査や欧州委員会の認可が必要となった。一度認可が下りればEU全域が市場として開ける。なお、フィンランド、オランダ、ベルギー、ドイツなどでは改定以前より昆虫を材料とした食品が市場に出回っていた。そのため、新しい規定が施行される前に市場で合法的に流通していた商品に関しては、移行措置として現在も販売が継続できる（ただし、販売許可に関する状況は国により異なる）。流通商品は新規食品としての申請を欧州委員会に提出、移行措置はその判断が下されるまでの間となっている。

2021年1月には市場関係者待望の動きがあった。乾燥イエローミールワームをEFSAが食用昆虫として初めて安全と評価したのだ。さらに同年6月には、欧州委員会がEU市場での流通を認可した。「これにより、EFSAで審査されている数々の他の昆虫の認可への道も開けるに違いない」。こう話すのは、食用・飼料用昆虫の国際プラットフォーム（International Platform of Insects for Food and Feed、略称IPIFF）の事務局長クリストフ・デリアン氏だ。IPIFFは、2015年に設立された、食用や飼料用の昆虫の生産者や関連商品を扱う企業などで構成されるベルギーを拠点とするNPOである。

IPIFFに加入しているメンバーは、2021年6月現在、78を数える。設立時の5倍以上だ。メンバーには、EU加盟国の他、英米やロシア、マレーシアといったEU外の企業も含まれる。動物飼料として昆虫を扱ってきた企業が人の食用昆虫の生産を始めるケースもあり、「飼料用を含め、食用昆虫の先駆的な企業メンバーは、オランダやフランス、ドイツ、スペインに見られる」とデリアン氏は説明する。

他方、エントキューブ社が昆虫食をリードする国として注目するのはオランダだ。同社の事業展開が現在最も活発なのも同国だという。「オランダはもともと、先端的な農業で知られている。昆虫に関してもすでにバリューチェーンがあり、他のヨーロッパ諸国への流通の要になっている」とコルペラ氏は指摘する。

2020年3月にIPIFFがEU加盟国や欧州自由貿易連合（EFTA）の企業に対して行った調査によれば、2019年までにヨーロッパで900万人の消費者が昆虫や昆虫を原料とした商品を消費したという。新規食品としての認可が進むことや、商品数の増加、消費者意識のさらなる変化により、2030年にはこれが3億9000万人に達すると同団体は予測している。

実は、いち早く大々的に「虫パン」を発売したファッツェル・グループは、コオロギを原材料としたパンの販売を今は行っていない。当初は人気を博したものの、原材料の問題から通常のパンより高い値段で販売せざるを得なかったためリピーターが付かず、売れ行きが落ちてしまったという。「残念ながら、環境や栄養面でのメリットが、価格をカバーすることはできなかった」と同グループでパンの製造を手掛けるファッツェル・ベーカリー社のイノベーション責任者であるユハニ・シバコフ氏は打ち明ける。「現在は、コオロギをはじめ昆虫を用いた商品は当社で扱っていないが、栄養価が高いサステイナブルな食材として、昆虫にはこれからも注目していきたい。ただし、植物や動物由来のタンパク質の向こうを張るような生産体制が必要だ。我々の分析では、イエローミールワームは栄養価としては優れているが消費者の心理的ハードルが高く、コオロギの方が食品として受け入れやすい。養殖技術は進歩を遂げており、あと5年ほどすれば、新しい昆虫食の波が訪れるのではないか」と同氏は予測する。

米国のコオロギフードビジネス

２０１７年に私は四国生産性本部の米国研修視察に同行した。米国の起業のシステムについて学ぶためである。その訪問都市の一つがピッツバーグであった。私は１９６４年頃、地理の授業でピッツバーグは鉄鋼の町と習った記憶がある。しかし、１９７０年代に入ると、日本などが生産する安価な輸入鉄鋼により地元鉄鋼業は衰退した。工場は相次いで閉鎖に追い込まれ、町には大量の失業者があふれた。この時代の流れを読んでいたメロン財閥とロックフェラー家は、１９４０年代から鉄鋼業から脱却し、新しい産業を創立することを考え、その中核として、ピッツバーグ大学とカーネギーメロン大学に投資した。その成果により、１９８０年代に入ると、それぞれの大学の特徴を生かし、医療やＩＣＴなどを中心とした産業構造へと移行することにより、活気を取り戻した。これらの大学は産学連携が進み、大学経営に余裕があると担当者から説明があった。実際、広いキャンパスと立派な建物が、大学の豊さを象徴していた。

ピッツバーグの次に訪問するのは有名なシリコンバレーであった。サンフランシスコ行きの飛行機に搭乗するために、ピッツバーグの空港内の売店を見ながら歩いていた時に、コオロギの絵が目に入った。それは、コオロギ・パウダー入りのプロテインバーだった。米国で販売されているのは知っていたが、空港の売店で販売するほどポピュラーになっているとは思っていなかった。直ぐに購入して食べたが、個人的感想ではあるが、これが非常に美味しくない。もちろん、コオロギ・パウダーが入っているから美味しくないのではない。米国のこの類のバーは美味しくないのである。このプロテインバーを販売していたのは、コオロギを原料とした食品を製造する米テキサス州の企業アスパイア食品「Aspire Food」である。アスパイアとは「志す」という意味である。アスパイア食品社誕生のきっかけは、モハメド・アシャワー最高経営責任者と仲間が、地球の食料不安への対策を考えるビジネススクールのコンテストで約1億円の賞金を得たことだった。チームはテキサス州オースティン郊外の廃倉庫を屋内コオロギ飼育場に仕立てた。徳島大学の渡邉助教は、ここを訪問して、その広さに感動した。

ウォール・ストリート・ジャーナル日本版によると、コオロギは、ロブスターに続く大逆転の食材であるとアシャワー社長は考えている。昔、ロブスターは人気の食べ物ではなかったが、今は高級食材になっている。アスパイア食品が製造する焼きコオロギ（1袋2・99ドル＝約330円）に手を伸ばす日がもうすぐやって来ると、アシャワー社長は信じている。アシャワー氏は商品名にコオロギという言葉を使用せず「アケッタ（Aketta）」と呼ぶことにした。アケッタはヨーロッパイエコオロギの学名に由来している。

アシャワー氏の会社の商品ラベルは「タンパク質入りの持続可能なスナック」をうたっている。1食分は150キロカロリーで、13グラムのタンパク質を含む。アシャワー社長は、何十億匹と育てられる昆虫が地球の食料不足の抑制に役立つという信念を抱き、医師になる計画を捨てたと言う。「自分が医師になるよりずっと有意義な方法で、しかもずっと広い範囲で、多くの命を救えると思った。医師は地域社会に仕えるが、これは地理的な境界がない」。

同業のプロテインバーのメーカーに「Exo」があるが、2018年にアスパイア食品が「Exo」を買収したと発表した。アシャワー社長らとExoの共同創業者のセビッツ氏とルイス氏らは、2016年のフォーブスの「30アンダー30（30歳未満の重要人物30傑）」に選ばれていた。今回の買収はその授賞セレモニーで彼らが出会ったことがきっかけだった。Exoブランドは買収後も残り、アスパイア食品が現在製造しているコオロギ食品のブランド「アケッタ」はExoに統合される。

コオロギ食品の企業としてチャプル社（Chapul）についても紹介しておく。チャプルとはアステカ語（注＝メキシコに栄え、16世紀にスペイン人に滅ぼされたアステカ帝国の言語）でコオロギを意味する。チャプル社のホームページに創業者クロウリー氏自身が、創業の経緯を書いている。

チャプル社は2012年に設立された。そのきっかけは、水に関係している。クロウリー氏は、グランドキャニオンを流れるコロラド川で急流ラフティングガイドとしても働いている。何千年もの間、この川は多くの文明にとって生命の血として崇拝されてきたが、悲しいことに、この壮大な川はもはや海に流れることさえない。米国西部の淡水の大部分は農業に使われ、その大部分は家畜生産に使用されている。水資源を将来的に確保するには、昆虫食しかないと考え、チャプル社を創業した。プロテインバー〈54グラムのバー〈1本が約400円〉やコオロギ・タンパク質パウダー〈バニラ味、約450グラムが3800円〉〉を販売している。チャプル社はプロテインバーだけでなく、コオロギをオーブンでローストしてパウダー状にしたパウダーも販売。シリアルやヨーグルトと混ぜて朝食にしたり、飲み物に溶かして飲んだりできるものだ。現在は、コオロギ・パウダーだけを販売している。この地道な努力により、やがて、壮大なコロラド川の流れが再び海に流れ込む日が訪れることを信じている。

サプリメントとしてのコオロギフードの可能性

米国の市場調査を行うグローバル・マーケット・インサイト社は2023年には昆虫食の市場が約580億円に達するという予測を出している。市場規模が小さい理由の一つは、昆虫を食べることをためらうアメリカ人が多いことだ。しかし、米国のコオロギ食品業界はプロテインバーの消費者らをうまく取り込んでいる。実際、米国では、次世代栄養食品として「コオロギ」がクローズアップされている。スポーツ選手やハリウッドセレブの間では、コオロギ・パウダーを使った健康食品、タンパク質を摂取できるプロテインバーが人気。昆虫食への期待も高まっている。ハリウッドセレブ御用達の高級食材を扱うスーパーに並ぶのは、コオロギ・パウダーを使用した2種類のプロテインバー「Exo bars」と「Chapul」。どちらもCricket（コオロギ）プロテインバーと明記されており、値段は54グラムのバー1本が約400円。チョコレートやピーナッツバター、コーヒーやココナッツ味などさまざまなフレーバーがあり、Exoには抹茶味もある。「完ぺきなタンパク質」とメンズ・ヘルス誌が伝えるなど、その栄養価の高さが注目されている。

ちなみに、現在、市場でも最も多くの商品が販売されていて、いちばんメジャーなプロテインバーのタンパク質には、「ホエイプロテイン」が使用されている。〝ホエイ〟とは環境への負荷が高い牛乳などが原料のヨーグルトの上澄みにできる酸味のある液体で、乳清とも呼ばれる。このホエイに含まれるタンパク質を精製して取り出したのが、「ホエイプロテイン」。一方、大塚製薬のＳＯＹＪＯＹは栄養豊富な大豆をまるごとパウダーにした生地に、フルーツやナッツなどの素材を練り込んで焼き上げたもので、植物性のタンパク質を含んでいる。

これらの既存のプロテインバーに対して、クリケットバーは、1本あたり25匹のコオロギを使用し、10グラムのタンパク質を摂取できるという。牛や豚肉など他のオーガニック食肉と同様に、9種類の必須アミノ酸が含まれており、牛肉の2倍のタンパク質、ホウレン草よりも15％多く鉄分を含み、サーモンよりビタミンB_{12}が豊富で、栄養食品として非常に優れていると言われている。また、原料に大豆や乳製品、穀物などを使っていないので、それらのアレルギーのある人でも食べることができる。健康志向の高い人たちの間では、小腹が空いた時のおやつ代わりや朝食に、スポーツ選手にはトレーニング後の栄養補給として利用されている。コオロギが原材料であるという心理的障害さえ克服すれば、普通のプロテインバーと味も食感も変わらないという。

英国とカナダのコオロギ企業

英国には、センス（SENS）社という企業がコオロギ関係の事業を展開している。コオロギ・パウダー入りのプロテインバーをはじめ、プロテインパスタ、プロテインチップスなどの製品を販売している。コオロギの飼育はタイで行っている。地球を救う世界最大のクリケットファームであるとのことである。この企業のメッセージは、「現在のフードシステムは限界が迫っています。持続可能であるためには変化が必要です。もしかしたら、24種類の超加工された植物性タンパク質を使ったハンバーガーや、研究室で培養された肉など、肉の代替品の話を聞いたことがあるかもしれない。今すぐにでも持続可能な食生活を送るためにはもっと簡単な方法がある。それがコオロギである」。

センス社のホームページでは、コオロギの収穫の方法について、詳細に紹介している。「収穫に選ばれたコオロギは動かなくなるまで冷やされる。動かない状態は、特に寒い朝などに観察される自然なプロセスである。全身の代謝が停止し、その時点で、最も倫理的な方法で凍結して収穫する。研究では、コオロギのほとんどが消化可能であることが確認されているので、コオロギのプロテインパウダーにはコオロギを丸ごと使用している。コオロギの消化器官が完全に空っぽになるように、収穫の一日前に餌を与えるのを止めている。コオロギは自然界では餌なしで2週間まで生き延びることができるので、この短い断食はコオロギにとって大きなストレスではない」。昆虫に対する愛護のこもったコオロギの取り扱いであり、イギリスの文化が反映されている。

カナダ・トロント郊外で3人のゴールディン兄弟、ダレン氏、ライアン氏、ジャロッド氏と彼らの父親であるアラン氏は、爬虫類や魚類の餌として、コオロギを販売する企業である「エントモ・ファームズ社」を経営していた。最近になり、食料安全保障と環境問題の解決に活用されることを知り、コオロギのタンパク質を活用することにした。同社の共同創業者、ジャロッド氏は、「課題は、昆虫タンパク質を食べ慣れない人にもおいしく食べてもらえるかどうかだ」と話している。エントモ社のシェフであるカーリン氏もこう言う。「25年前は、一般的な北米の食生活では寿司が全く前例のないものだったが、今は食べている。食習慣は変わるものです」。

世界でコオロギフードが注目されている。まだ小さな流れかもしれないが、食料は毎日必要なので、様々な危機に備えて、食料を準備しておく必要がある。その危機の原因が、地球環境の悪化であり、それが牛などの家畜によるのも事実である。地球の環境にやさしく、良質なタンパク質を提供してくれるコオロギは、人類にとって必要不可欠なのである。

やがて、このコオロギフードは大きな流れになるであろう。そうでなければ、世界が食糧危機に直面する可能性がある。

第6章

コオロギがワクチンや医薬品になる

コオロギを用いた次世代ワクチン開発

新型コロナウイルス感染拡大の原因の一つに、変異型のコロナウイルスの存在が指摘されている。現在は、アルファ型（イギリス型）が蔓延している。このウイルスはN501Yと記載されるが、この記号の意味は、ウイルスは1273個のアミノ酸から構成されており、抗原となるスパイクタンパク質（ウイルスの表面の突起）の501番目のアミノ酸がN（アスパラギン）からY（チロシン）に変わっていることを示している。一つのアミノ酸の変化により、ウイルスのスパイクタンパク質が人の細胞と結合しやすくなったことにより、感染力が約1・4倍になっている。さらに、デルタ型（インド型）の感染拡大の兆候がある。2月からワクチンの接種がやっと日本でも医療従事者を優先して開始された。問題は、国産ワクチンを作製できず、輸入に頼り、供給が遅いことである。18歳以上の日本の国民に無料で接種するワクチンを海外から輸入しなければならないことに、苛立ちを覚えたのは私だけではないであろう。なぜ日本でワクチンが製造できないのかを調べてみると、確かに様々な問題がある。しかし、この度の国の危機において、ワクチンが製造できないようであれば、今後の日本を襲うであろう様々な危機を乗り越えることができないのではと危惧している。

日本政府はワクチンの接種を急いでいるが、果たして東京オリンピックで感染が拡大しないのか？　と国民は危惧している。この章では、コオロギが感染症やがんなどに対する予防や治療にワクチンや医薬品としての有用性を持っていることを紹介する。

地球上の生物は、何らかの仕組みで免疫機能を持っている。昆虫も例外ではない。実は、昆虫の免疫機能の研究成果が、現在の新型コロナウイルスに対するワクチンの開発につながっている。研究の対象はショウジョウバエであった。そのハエの免疫の研究からノーベル医学・生理学賞が生まれている。昆虫の研究の重要性を示す一つのエピソードとして、紹介しておく。これからも、昆虫に関する研究成果が人類を救うことになる。さらに、ワクチンを注射ではなく、食べたり飲んだりすることで効果が出る、次世代のワクチンの開発について紹介する。このようなワクチンは「経口ワクチン」と呼ばれている。

新型コロナウイルスに対するワクチンについて

２０２１年、日本国民に接種しているファイザー社とモデルナ社の新型コロナウイルスに対するワクチンは、非常に画期的なワクチンである。これまでのインフルエンザワクチンなどは、インフルエンザのウイルスそのものを利用し、病原性をなくしたウイルスを鶏の受精卵の中で約４か月かけて増やし、それを回収して注射液を製造してきた。これに対して、アメリカの製薬大手のファイザー社とドイツのバイオ企業のビオンテック社が、いち早く開発した新型コロナウイルスに対するワクチンはこれまでのワクチンとは全く異なる概念で作製された画期的なワクチンである。どのように異なるかを理解するためには、抗体と抗原の関係とＤＮＡとメッセンジャーＲＮＡ（ｍＲＮＡ）とタンパク質の関係に関する基礎知識が必要である。それについては、紙面の都合で割愛する。

既存のワクチンは、ウイルスの様々なタンパク質の抗原に対する抗体を体内で誘導する。ファイザー社やモデルナ社のワクチンは、新型コロナウイルスのスパイクと呼ばれるタンパク質をコードするｍＲＮＡを主成分とするものである。簡単には、新型コロナウイルスのスパイクを作るmRNAを、ヒトに注射し、ヒトの細胞内でタンパク質が作られ、それによりヒトの体内で免疫力ができるのである。様々なマスコミで最近注目されているのが、カタリン・カリコ博士である。彼女は、ビオンテック社のmRNAワクチンを生んだ研究者である。2021年5月27日にNHKで放映された「新型コロナ　世界からの報告」では、カリコ博士が取り上げられた。カリコ博士が語ったことは「2005年には、当時同僚だったドリュー・ワイスマン教授と、今回のワクチンの開発につながる革新的な研究成果を発表しましたが、これも注目を集めることはなく、その後大学の研究室を借りる費用も賄えなくなり、2013年にドイツの企業ビオンテックに移りました」とのことであった。彼女らが発見したことは、体内のmRNAに対する自然免疫反応による影響を逃れる方法であった。つまり、通常のmRNAは、体内に入れると自然免疫反応が生じて炎症反応を引き起こしてしまうため、長年、ワクチンや薬などの材料として使うのは難しいと考えられていた。しかし、カリコ博士らはmRNAを構成する物質の一つ「ウリジン」を「シュードウリジン」に置き換えると炎症反応が抑えられることを発見。この技術を用いて2020年、新型コロナウイルスのmRNAワクチンが開発された。

彼女の在籍するビオンテック社は、ドイツのマインツに本社があり、ファイザー社のワクチンを開発した。ビオンテック社の創業者については、2021年1月4日のシュピーゲル誌にインタビュー記事が掲載された。その記事から一部を和訳して引用する。その共同創業者（CEO）のウグル・シャヒン教授と妻で共同経営者のオズレム・テュレジ博士は、2008年にベンチャーを立ち上げた。テュレジ博士によると、新型コロナワクチンを開発する前は、がんの免疫治療法を開発しており、「私たちはすでにmRNAをベースにした、がんのワクチンを数種類開発しています」と取材に答えている。さらに、テュレジ氏はがんのワクチンが実用化されるまでの期間について、「革新的な技術開発においてこういった時間を予測するのはとても難しいことですが、数年以内には私たちが開発したワクチンを人々に提供できるのではと期待しています」とのこと。今回のワクチンで多額の収益をあげたので、数年以内にがんワクチンが完成するかもしれない。

日本の製薬企業も努力しているが、周回遅れになってしまった。塩野義製薬は2020年4月27日、新型コロナウイルスの予防ワクチンを国立感染症研究所と共同で開発すると発表した。塩野義の子会社のUMNファーマが持つ「BEVS」と呼ばれる技術を活用した抗原の作製を進めている。つまり、ウイルスの遺伝子情報を基に、昆虫などにのみ感染する「バキュロウイルス」の遺伝子を組み換えて昆虫細胞に感染させ、スパイクタンパク抗原を作製する。増えた細胞からワクチンを作る（同社ホームページより）。このワクチン作製法は、昆虫細胞を使用しているので、基本的にはコオロギの細胞を用いても同様な結果が得られる。

ワクチンに関する科学的な背景を知っておこう

世界の多くの人々が新型コロナウイルスに対するワクチンを接種する。この本が出版される頃には、多くの日本人高齢者も2回目の接種が終わっているであろう。ワクチンとは何か？　あなたの体に注射される液体の中身や、それが作られた科学的な背景を知っておいても損はない。

新型コロナウイルスに感染しないように、免疫力を上げるためにワクチンを接種する。免疫力とは？　ヒトの免疫には2種類ある。自然免疫と適応免疫（獲得免疫）である。自然免疫の一つの作用は、ウイルスや細菌などに感染すると、貪食《どんしょく》細胞と名付けられた免疫細胞が感染したウイルスや細菌などを食べるので、感染症にならない。一方、適応免疫とは、抗体を用いた免疫や細胞障害性T細胞が感染した細胞を破壊する免疫などである。ウイルスや病原菌が感染したり、ワクチンを打つと、ウイルスや病原菌に結合して、その作用を抑えるタンパク質が産生されるが、その一つが抗体である。この適応免疫は自然免疫に比べると、効果が出るまで数日かかる。抗体を作る細胞は、B細胞と名付けられたリンパ球である。一個のB細胞は、1種類の抗体しか作れない。そのため、体内に侵入してきた様々なウイルスや細菌やその他の物質などに対して、それぞれの抗体を作製するB細胞が必要である。その種類の数は1兆を超える。この様々な抗体が大量にできるメカニズムを遺伝子レベルで解明したのはマサチューセッツ工科大学教授の利根川進博士で、1987年に「免疫グロブリンの特異な遺伝子構造を解明した」功績によりノーベル医学・生理学賞を受賞した。

自然免疫と適応免疫をつなぐ役割をする細胞があり、それは樹状細胞と呼ばれている。樹状細胞は、リンパ球の一つであるT細胞に異物の情報を伝える。

自然免疫について

2011年に自然免疫に対する発見に対して、ノーベル医学・生理学賞が、米国スクリプス研究所のB・ボイトラー博士、仏国ストラスブールにある分子細胞生物学研究所のJ・A・ホフマン博士、米国ロックフェラー大学のR・スタインマン博士の三氏に贈られた。スタインマン博士は9月30日、ノーベル賞受賞の報を聞く前に膵臓がんで亡くなっていた。彼の研究は、ワクチンなどの免疫に関係する樹状細胞の発見による功績が評価された。彼の話は後ほど、がんのワクチンのところで紹介する。

1996年、受賞者の一人であるホフマン博士らは、ショウジョウバエの免疫について研究をしていた。ハエの発生の研究において、ハエの形ができる時に、どこを背側にして、反対側を腹側にするかを決める遺伝子があり、トル（Toll）と呼ばれていた。トルはドイツ語で、意味は「素晴らしい！」。1990年代になって、このトル・タンパク質がヒトの免疫に関係する受容体とよく似ており、免疫との関わりがあると予想された。そこで、ホフマン博士らはトル・タンパク質に変異があるショウジョウバエを作製してみると、そのハエがカビに感染して死ぬことを発見した。さらに、トル・タンパク質を介して細菌などを検出し、貪食細胞などが活性化されて細菌などを食べる活動を誘導することや、細菌を攻撃する物質（抗菌ペプチドと名付けられている）が分泌されることを発見した。従って、細菌などが体内に侵入してきた時には、主に2つの対策、免疫細胞の動員と抗菌性のある物質の分泌、がなされる。免疫細胞などの対応を「細胞性免疫」と呼び、分泌の方は「体液性免疫」と呼ぶ。ハエなどの多くの生物は、進化的にこのような菌やウイルスに対する感染防止対策を持っており、ヒトなどの抗体の免疫とは区別するために、自然免疫と呼ばれている。当然、コオロギも同様に自然免疫を持っている。

ショウジョウバエの研究によりトル・タンパク質と免疫との関連がわかると、その詳細なメカニズムについての研究が一斉に始まった。ヒトにもトルと似たタンパク質が存在し、それは「トルによく似たタンパク質」という意味で「トル様タンパク質（TLR：Toll like receptor）」と名付けられた。

自然免疫の研究者のドラマ

ｍＲＮＡワクチンの開発で、大きな障害だったのが、ｍＲＮＡを体内に導入すると自然免疫が機能し、細胞そのものが破壊されてしまうので、目的の免疫を誘導できないことであった。その自然免疫に関係するのは、ヒトが持つ10種類のＴＬＲの中で、ｍＲＮＡを認識するＴＬＲ－７である。ＴＬＲ－７を発見したのは、２００２年、大阪大学の審良《あきら》静男教授のグループである。カリコ博士が見つけた現象は、ＲＮＡの塩基の一部が改変されたＲＮＡを使用すると、ＴＬＲ－７との反応が弱くなり、自然免疫が回避できることであった。この発見が、ｍＲＮＡワクチンの実用化への道を開いた。

ここで、世界の自然免疫学の第一人者である審良教授について、少し紹介しておく。審良博士は現在、大阪大学免疫学フロンティア研究センターの特任教授である。大阪大学医学部卒業後、細胞の免疫応答などに重要なインターロイキン６（IL-6）を発見した岸本忠三教授のグループにおいて、６０００匹のマウスを用いて、インターロイキンの細胞内のシグナル伝達と転写活性化に関与する因子３（STAT3）を発見後、１９９６年に兵庫医科大学の生化学の教授に就任した。その後の研究について、2010年の審良博士へのインタビュー記事（国立研究開発法人・科学技術振興機構・産学連携ジャーナル・免疫学の大革命が始まった！・2010）から一部引用する。

「白血病細胞であるM1細胞でIL-6によって急速にmRNAが増えてくる遺伝子が知られていました。それはMyDシリーズと呼ばれ、MyD105とかMyD115とか、すでに番号がついていましたが、機能はまったく分かっていませんでした。MyDというのは、骨髄（myeloid）系で分化（differentiation）にかかわっている遺伝子という意味です」。役割不明なMyD88のマウスの遺伝子を働かなくしてみた。そのマウスは正常で特に何の変化もなかった。それで、そのマウスを大学院生の研究の一部に流用した。その研究は菌体毒素をマウスに注射して、マウスの反応を観察するというものであった。正常なマウスは、1～2日で死んでしまうが、MyD88のノックアウトマウスは死ななかった。

1997年にホフマン博士らの研究結果を知った審良博士らは、トル様タンパク質が、菌体毒素を感知するセンサーで、その下流にMyD88が存在すると予想した。その仮説に従い、1998年、10種類のトル様タンパク質を見つけ、菌体毒素に結合するものは、トル様タンパク質4番であることを発見し、1999年4月1日に論文が発表された。こうして、仮説は証明された。

実は、1998年の12月11日にその論文をイギリスの権威ある学術雑誌のネイチャー誌に投稿予定だったが、まさにその日に、後にノーベル賞を受賞したボイトラー博士らが、同様の結論を米国の権威ある学術誌のサイエンス誌で発表した。ボイトラー博士らは菌体毒素が効かない変異マウスについて10年間研究をしており、その原因が、ショウジョウバエのトル遺伝子によく似た遺伝子に変異が起きていることを発見したのだった。結果的に、ボイトラー博士らは審良博士らと同じもの、つまりトル様タンパク質4番が菌体毒素の受容体であることを、審良博士らより約4か月早く発表したことになる。

審良博士らはこのトル様タンパク質の研究から、適応免疫とは全く別のものと考えられていた自然免疫が、実は適応免疫にとっても重要な役割を果たしていることを発見し、免疫学の常識を覆した。これにより、自然免疫の役割は、原始的な免疫反応ではなく、適応免疫にとっても必要不可欠なものとして認識されるようになった。ワクチンはこれらの免疫反応を誘導するのである。

次世代の経口ワクチンとは

新型コロナウイルスに対するワクチンは、医療従事者により上腕部の筋肉に注射されている。これに対して次世代のワクチンは経口ワクチンだと予想されている。つまり、ワクチン錠剤または液体を飲むだけで、筋肉注射と同じ効果が得られるワクチンなので「経口ワクチン」と呼ばれている。乳幼児が下痢症になる主要な病原体であるロタウイルスに対するワクチンが開発されている。このワクチンは液体で、飲むワクチンとして経口投与されている。

多くのワクチン研究者が指摘しているとおり、現在まさに経験しているように、感染症が大流行している場合に、ワクチンの注射を医療従事者しかできないのでは、対応が非常に難しい。一方、経口ワクチンの場合は、そのような心配がない。また、ワクチンはウイルスや細菌による感染症以外の病気にも使える。例えば、この後に紹介するがんに加えて、アルツハイマー、糖尿病や高血圧などの生活習慣病に対するワクチン、花粉や食べ物などのアレルギーに対するワクチンが開発されている。実際、日本の花粉症に効果がある食べるワクチンとして、お米が開発され、動物実験段階では、有効性が証明されている。これまで感染症の予防として用いられてきたワクチンに加えて、今後は、がんワクチンや自己免疫疾患などによる病気の治療用ワクチンが急速に開発されるであろう。しかも、それらのワクチンは、食べたり飲んだりする次世代の経口ワクチンとなる可能性が高い。

ヒトの腸管には、体内の50％以上の免疫細胞が存在すると言われており、実際、腸には、免疫器官の一つであるパイエル板がある。そこは腸管内腔から見ると、絨毛《じゅうもう》が存在せず平坦な部位である。そこに、M細胞（Microfold細胞）と呼ばれる細胞が存在し、ウイルスや病原菌を活発に取り込み、取り込まれた物質はM細胞内で分解されずに、免疫の司令塔である樹状細胞に引き渡される。この時点で、ワクチン注射と同様な効果が生じたことになる。この免疫反応を利用することができれば、例えば、ウイルスやがん細胞に対する経口ワクチンであれば、食べたり飲んだりするだけで、予防や治療が可能になるのである。本書では、それを次世代の経口ワクチンと呼ぶ。

前述したラルフ・スタインマン博士は、カナダ出身の免疫学者・細胞生物学者で、ノーベル医学・生理学賞を２０１１年10月３日に受賞した。しかし、彼は、授賞の知らせが来る3日前の9月30日に亡くなっていた。

先に紹介したように、樹状細胞は、自然免疫と適応免疫をつなぐ役割をしている。自然免疫に引き続いて誘導される適応免疫応答は、T細胞やB細胞などのリンパ球に担われるウイルスやがんに対する特異的応答である。これらの細胞が機能するためには、ウイルスなどの情報を知らせる細胞である樹状細胞が必要であり、抗原提示細胞と呼ばれている。樹状細胞のみがT細胞を活性化し細胞傷害性T細胞にすることができる。樹状細胞が、免疫細胞の働きを活性化させて、病原体と闘わせる司令塔の役割を担っている。樹状細胞によりがんを攻撃する細胞傷害性T細胞を誘導できれば、がん細胞を攻撃してくれる。

スタインマン博士は膵臓がんにより亡くなったが、2007年に膵臓がんであることが分かると、彼は自らが開発した樹状細胞ワクチンを利用した免疫療法による闘病生活をスタートさせた。膵臓がんは難治性のがんで、余命も1年以内と宣告されたが、博士は樹状細胞ワクチンによる免疫療法などによって、ノーベル賞受賞の知らせの3日前までの約4年間、膵臓がんと闘い続けた。彼が実際に用いた樹状細胞ワクチン療法については不明であるが、ワクチンががんの治療に使用できるのである。

ゲノム編集によるコオロギワクチンの作製

このようなワクチンを作製するためには、食べる物の中にワクチンになる物質、それを抗原と呼ぶが、対ウイルスであれ、対がん細胞であれ、対病原菌であれ、抗原になるタンパク質を産生できることが条件である。その作製工場としてコオロギ自身を利用できる。そのワクチンを産生するコオロギを粉末にして食べることで、ワクチンはヒトの腸管で反応して免疫応答を引き起こすことができる。人工的にｍＲＮＡやタンパク質をワクチンとして作製すると、高価なワクチンになる。一方、コオロギを利用するメリットは、コオロギ・パウダーがワクチンとして働くことが予想されており、安価に大量にワクチンを作製できることである。それを実現できる技術が、２０２０年度のノーベル賞を受賞したゲノム編集の技術である。

２０２０年10月7日、スウェーデン王立科学アカデミーは、２０２０年のノーベル化学賞を、全遺伝情報（ゲノム）を効率良く改変できる「ゲノム編集」で画期的な技術を発明したドイツ・マックスプランク感染生物学研究所のエマニュエル・シャルパンティエ教授と米カリフォルニア大学バークレー校のジェニファー・ダウドナ教授に授与すると発表した。二人の女性研究者は、２０１１年３月に米国微生物学会の「細菌におけるＲＮＡの役割」に関する会議で出会い、共同研究をスタートしている。当時、シャルパンティエ博士はスウェーデンのウメオ大学に所属しており、北欧と米国西海岸に住む研究者の共同研究であった。彼女らのゲノム編集の方法は、クリスパー・キャス９（CRISPR-Cas9）法と呼ばれている。

この技術のアイデアは、「細菌が持つウイルスに対する免疫防御システム」の研究から得たものである。２０２１年も新型コロナウイルスの感染が拡大し、パンデミックと呼ばれる状況が地球全体に広がっている。ウイルスには様々なタイプがあるが、基本的にはウイルスは自分のＤＮＡかＲＮＡを感染した細胞に入れ、その細胞の装置を利用して自分を複製し自分自身を増殖する。このようなウイルスは人間だけが標的ではなく、細菌や昆虫など多くの生物が標的になる。細菌に感染するウイルスはバクテリオファージと呼ばれている。細菌も、ウイルスに感染された場合の撃退の方法を持っている。その方法を研究して、新規のゲノム編集法が開発され、ノーベル賞に至った。

クリスパー（CRISPR）とはClustered Regularly Interspaced Short Palindromic Repeatsの頭文字をとった略称で、意味は「細菌ゲノムにある遺伝子配列のところどころに25〜50塩基からなる回文のような同一配列と、それを挟む短い配列の繰り返し構造がクラスターを形成している」ということである。ここに、過去に感染したウイルスなどのゲノム情報が記憶されている。この記憶を利用して、細胞内に入ってきたウイルスのDNAを検出する。次に、DNAを切断するタンパク質であるキャス9が、検出したDNAを切断することで、ウイルスを不活化する。このクリスパー・キャスシステムは様々な細菌のウイルスや外来のDNAなどに対する免疫防御システムである。その華麗な仕組みに感動する。受賞者は感動しただけでなく、この仕組みを利用して、ゲノム編集法を発明したのである。

原理はゲノムDNAの標的配列に特異相補的なRNA配列が結合する。その相補的なRNAにはガイドRNAがつながっている。そのガイドRNAにDNA分解酵素であるキャス9が結合し、標的のゲノム配列を切断する。ゲノムDNAが切断されれば、それを修復する場合にエラーが生じ、変異を持つ遺伝子となる。これが基本的なゲノム編集法である。標的RNAの合成は簡単であることや、複数の標的配列の編集がキャス9で可能なので、既に多くの応用方法が開発されている。

このように、これまで予想だにしなかったゲノム編集法技術がここ数年で開発されてきた。２０１３年はじめには、哺乳類の細胞でクリスパー・キャス９によるゲノム編集が行われた。今日、ヒト体細胞のゲノム編集は様々な臨床応用が進んでおり、疾患の治療に使用されている。さらに、農業、畜産分野でも様々な応用が研究されている。例えば、筑波大学の江面浩教授は、ゲノム編集技術を用いて、睡眠の質を高めたり、血圧上昇を抑える効果があるギャバ（GABA）の産生量を高めたトマトを作製している。ゲノム編集食品として国に届けられた第1号である。江面教授の関与するベンチャー企業であるサナテックシードで苗を販売している。徳島大学にもゲノム編集に関する大学発ベンチャー「株式会社セツロテック」が設立されている。セツロテックは、徳島大学先端酵素学研究所の竹本龍也教授らが関与するベンチャー企業である。セツロテックの強みは、ゲノム編集に用いる遺伝子やタンパク質を受精卵などに導入する技術として、画期的な電気穿孔《せんこう》法を開発し、それを利用したゲノム編集を行っている。さらに、日本発の画期的なゲノム編集法を徳島大学の刑部敬史教授がＴｉＤと名付けられた方法を用いて開発している。

コオロギにおいて、このゲノム編集法の発明はまさに天の助けであった。それまで、ショウジョウバエ以外の昆虫において、遺伝子ノックアウトなどを行うのは困難であった。実は、徳島大学のコオロギ研究グループは、クリスパー・キャス9の方法が開発される以前から、ゲノム編集を行っていた。そのきっかけは、広島大学大学院統合生命科学研究科の山本卓教授との共同研究であった。しかし、2013年にはクリスパー・キャス9が登場し、その使い易さによりゲノム編集の世界が一挙に開け、現在に至っている。徳島大学においては、当時大学院生であった渡邉崇人氏が中心となってコオロギのゲノム編集法を確立した。

最近、昆虫において画期的なゲノム編集の方法が、蚊の研究者であるデュベルニー・チャベラ＝ロドリゲス博士（米国ペンシルベニア州立大学）らから発表された。その方法は、キャス9に少し変更を加えて、昆虫のメスにそれを注射しておくと、ゲノム編集された卵が産卵される方法である。この方法はReMOT法と呼ばれており、コオロギのゲノム編集でも利用されるであろう。

コオロギを医薬品の工場に

カイコは蚕と書き、絹の生産工場であった。絹はシルクロードができるぐらいのインパクトのある生産物であった。野生の蛾の品種改良を行い、まさに家畜昆虫として、おそらく数百年かけて絹糸の生産工場に仕上げた昔の人々の努力に敬意を表する。この品種改良が、昔の人々からみれば瞬時と感じる時間のスパンで、現在ではゲノム編集によって可能である。もちろん、まだ未熟な技術ではあるが、これからも進歩する。

コオロギの全ゲノムの解明は最近、主に徳島大学の三戸太郎博士の研究室とハーバード大学のカサンドラ・エクスタパー博士の研究室のコオロギゲノム研究グループとの共同研究により進み、成果が報告された。フタホシコオロギのゲノムは17億個の文字で構成されている。コオロギの遺伝子の数は2万2195個である。ヒトのゲノムは30億個の文字で、遺伝子数は2万1306個である。遺伝子数はヒトとほぼ同じである。ショウジョウバエのゲノムは1・65億個の文字で、コオロギのゲノムの約10分の1、遺伝子数は1万3937個で、フタホシコオロギの約半分である。この成果により、コオロギのゲノム編集がより簡単になった。従って、コオロギを医薬品工場としての家畜に品種改良することも可能である。当然のことながら、動物実験による安全性の確認は行い、必要に応じて情報を開示することで消費者の不安の解消に努める必要がある。

コオロギを、食料という主な観点から紹介してきたが、コオロギにはまだまだ多くの可能性がある。特に、基礎研究のための生物モデルとして非常に有用であるが、一般にはあまり知られていない。

日本には、本書で紹介した広島大学で導入したフタホシコオロギが、北海道大学で脳・神経や行動の研究に使用されている。コオロギも記憶でき、学習できるので、そのメカニズムも解明されている。岡山大学の理学系では、コオロギを用いた体内時計の研究が行われ、最先端の成果が得られている。医学系では、切断された脚の再生の研究が行われている。

徳島大学では、これまで紹介した研究に加えて、コオロギを用いて変態（幼虫から成虫になること）のメカニズムを解明している。蝶のように、さなぎから華麗に変身して成虫になる昆虫は、完全変態昆虫と呼ばれている。コオロギは、さなぎを形成せず、幼虫から変身せずに成虫になるので、不完全変態昆虫と呼ばれている。ヒトはさなぎを形成しないので、不完全変態動物であるが、変態すると身長などが伸びなくなる。そのメカニズムは、実はコオロギと同じ可能性がある。本書では紹介できなかったが、いずれ、この様な話も紹介したい。

第7章

コオロギフードの可能性
～良品計画の金井政明会長との対談

無印良品（MUJI）は、西友ストアー（現：合同会社西友）のプライベートブランドとして1980年に生まれ、2020年に40周年を迎えた。そのブランドの思想や商品やサービスを形にしているのが、株式会社良品計画であり、代表取締役会長が金井政明氏である。

その思想は、「モノの価値をまっすぐ差し出したいから、徹底して無駄を省いて『引き算』のモノづくりをする」。その一つの商品に「コオロギせんべい」を加えていただいたことは、徳島大学にとっても、グリラスにとっても最高の出発となった。金井会長から直接、その無印良品の思想などをお聞きし、モノづくりの本質を理解したいと思った。

良品計画の金井政明会長

コオロギせんべい誕生のきっかけは新聞記事

野地　ご無沙汰しております。前にお目にかかってから1年半になります。

金井　もうそんなになりますか？　おかげ様で、昨年発売したコオロギせんべいは、店に並ぶとすぐに売り切れるほどの人気です。

野地　あの都会的なイメージの無印良品とコオロギせんべいは、すぐには結びつかない気がしていたので驚いています。そういえば会長は長野県出身なので、昆虫食には慣れていたんですか？

金井　そうですよ。子供の頃は蜂の子を捕って食べていました。美味かったし、今でも美味いと思う。

野地　バッタはどうですか？

金井　バッタというよりも、イナゴですね。昆虫を食べるということにあまり抵抗感がないのです。

野地　長野では昆虫食が当たり前に食べられていたのですね。

金井　長野はね、山があるので、山を隔ててそれぞれ

野地澄晴徳島大学長

の地域で少しずつ違う。私が生まれたのは北の方ですが、長野も南にいくと「こんなものを食べるのか」と驚くようなものも食べる習慣があります。飯田など名古屋や岐阜に近い方は、川の石の裏についているザザムシを食べます。

野地　発売前にコオロギせんべいをいろんな方に食べていただいたのですが、若い女性の中には時々抵抗される方もいます。ところが、ある女性が全然抵抗なく食べていました。その方は長野出身で。

金井　今のご発言は、少し偏見が入っているかと思いますね（笑）。我々もコオロギせんべいのデビュー前の商品展示会で、試食として出したことがありました。せんべいもあるし、コオロギの姿のままのものも一緒に出したのですが、皆さん結構平気で食べていました。中にはどうしても苦手な方もいらっしゃいましたが、多くの方が平気な顔で食べているので、私の方がかえってびっくりしたくらいです。いよいよ店舗で販売が始まると、どの店舗でも品切れになってしまっているので、自社で商品化を進めたとはいえ、本当に驚きました。

野地　コオロギに注目されたのが、フィンランドにお店を出す時だと伺っています。現地

金井　で、コオロギのお菓子などを見たのがきっかけですか？

野地　実は何年も前から、バングラデシュでは子供の栄養失調が問題になっているので、何か対策を考えたいね、とミドリムシの製造販売をしている会社の社長と話をしていました。ミドリムシはご存じのとおり、動物的な栄養と植物的な栄養をもっているので、彼はミドリムシの成分の入ったクッキーを子供たちに配っています。

金井　へえ、栄養失調の子供に！

野地　バングラデシュでは、栄養失調とはいいながら、実はお腹が空いて胃の中に何もない、何にも食べないことではないんです。キャッサバ芋など同じものしか食べられないので、栄養のバランスが崩れて栄養失調になっています。そのバランスを保つためにミドリムシは効果的なようなのです。

金井　それがどう昆虫食に結びつくのですか？

野地　虫つながりではないですが、タイなど東南アジアでは、貴重なタンパク質として昔からよく虫を食べています。タイに行くと必ず出されるのが揚げた虫で、それをポリポリ食べている。私も面白がってお土産に買ってきて、「タイのかっぱえびせん」

と言って社員に食べさせたりしていました。昆虫食に対するイメージは、日本では長野や東北の田舎のイメージ、世界でいえば東南アジア、アフリカ、南米的なイメージがあります。今あげたようなエリアが世界の昆虫食のイメージなので、このイメージこそが昆虫食に取り組む際の障壁になると感じていました。

野地　そうですね。

金井　そんな折、フィンランドに世界一美しい無印良品の店を作るんだ！　と思って現地に乗り込みました。丁度、フィンランドでデザインの展示会が開催されており、そこにゲストとして呼ばれていたのです。その時に現地でコオロギのお菓子に出合い、サンプルを買ってきました。そこでちょっとチャンスが見えたのです。

野地　チャンスですか？

金井　さっきも申し上げたように、昆虫食のイメージとして皆が想像するのは田舎か東南アジアのようなエリアです。でも、東洋人である日本人にとって、フィンランドのイメージはサステイナブルで好印象なわけです。そこから、逆輸入的な導入の仕方がありそうだと感じました。そこでフィンランドの昆虫食を手掛けるスタートアップ企業とコンタクトをとったのですが、まだ量産化というところまでは至っていない状況でした。そうして帰国した頃、「徳島大、コオロギ養殖研究開始」という小さな新聞記事を見つけたのです。その記事には、日本で一番コオロギの研究が進んでいるのは徳島大だと書かれていました。

野地 へえ、そうなんですか？

金井 当社の食品部のメンバーに「誰か徳島大学まで行って話を聞いて来てくれないか」という話をしました。こういう経緯で貴学に伺わせてもらったというわけです。

野地 私が想像していたのは、ちょっと違っていました。我々は、クラウドファンディングでコオロギビジネスのスタートアップの資金協力を募っていたんです。御社のご担当が来校した時には、すでに終了していたのですが、その情報がネットに残っていて、それを見てご連絡いただいたのかと勝手に思っていました。

金井 新聞記事がきっかけです。

野地 お越しいただいた時は、研究室で細々と養殖していました。でも今は、山の方にある廃校となった小学校を利用して養殖ができるようになりました。それまでの生産量の10倍の生産ができるようになります。

金井 大学として運営するのですか？

野地 いやいや。株式会社グリラスという大学発のベンチャー企業が運営し、そこで大量養殖をしていきます。

金井 それは朗報です。

野地 廃校は、昔の小学校だったところなのですが、３階建てで教室がずっと並んでいます。それぞれの教室を飼育部屋にしているのですが、それぞれの部屋はなるべく、今まであった状態を維持するようにして使用しています。建物は古いですが、一歩入ると高度な機械が設置されていて、自動でコオロギを飼育できる世界を構築したいそうです。それに、運動場やプールまであって、遊び空間のような感じで面白いです。

金井 これから廃校は全国で増えてくると思うので、こういう遊休施設を活用していけたら面白いですね。

野地 今コオロギを飼育している廃校のもっと奥の方に、もう一つ廃校があります。どうしてこんな山の中に学校を作ったのだろうと思える場所なのですが、当時は子供達が多かったのでしょう。その廃校の利用についても、自治体から前向きな話をいただいています。

金井 行政も廃校を抱えているだけで、資金的に厳しいところがあるからでしょうね。

野地 そこは最先端の研究所にできれば良いなと思っています。そこに皆さんが集まって生涯にわたり勉強できる場所を作れば面白いと思ってます。

金井 とても良いと思います。

野地 皆が集まってなんでも話ができる。

金井 徳島大学が本当の学校を作るのですね。

野地 いやいや……。

金井 SDGsというものについて、毎日、新聞でいろんな大学の教授やNPOなどが論じています。私は以前から「困った時はお互いさまですよね」という「お互いさま」とか「おかげさま」というのが、日本発のSDGsではないかと本気で思っています。なぜなら、政治を見ていても、ワクチンの配り方を見ていても、困っているならお互いさまでいいじゃないって思う節が多々あります。だから、国連のような組織がもっと力を持つ必要がありますよね。一国が覇権で引っ張っていく世界では立ち行かない。今のZ世代の学生が、既存の権力の枠にとらわれず、自由に考えられたら良いのではないでしょうか。Z世代はとても期待できますよ。

野地 デジタル的思考の若い人に期待ですね。

金井 そういう意味で、コオロギで突破口を作れれば良いなと考えています。養殖をまず10倍にして、本当に困っているミャンマーなどに持っていきたいですね。まだまだ貧困層が多い地域とか、難民キャンプのような場所に提供できる仕組みを一緒に作れたら面白いですよね。

野地 そうですね。

金井 2100年の世界人口が100億人になると10年前には予測されていました。私は未来の世界の予想図を社員と共有しながら、今のエネルギーや水、食料を奪い合うような世界になったら大変なことになる、ましてや日本は食料自給率がとても低いので、そのリスクを考えないといけないという話をしていました。最近の予想では、中国の少子化が急激に進行したため、2100年の世界の人口予測は88億人に下方修正されています。予測では、2100年には日本の人口は6000万人くらいですが、その数はちょうど昭和元年と同じくらいの人口です。私は社員に「『おしん』（NHK）って知っているか？」とよく聞くのですが、おしんが離婚して子供を連れてもう一度山形県の酒田に戻ったのが昭和元年です。あの時の映像を思い出してみてください。まだ東北などでは貧しさから子供を手放すことが頻繁にあった時代、それが人口6000万人の世界です。2100年には、6000万人でもみんなが食べていけて、贅沢は言わないけれど、感じよく暮らせる社会を考えないといけません。それは、経済も大事ですが、今のような経済最優先ではなく、経済と文化と環境、同時に地球環境を総合的に考える社会です。そのようなことをみんなで考えながら、各店が各地域に巻き込まれながらやっていきましょうと伝えています。食料や水など、当然温暖化の問題もありますが、それに備えていくということが大事で、そういう意味でもコオロギせんべいのようなものが必要です。研究技術が、これからの世界の役に立つというのがとても良いと思います。

未来の技術を作る発想

野地　会長はフィンランドがお好きだという記事を読んだことがあるのですが、何か理由がおありなのですか？

金井　フィンランドというのは、とても大変な国です。大変さの第一は資源がない。国土は日本全体から北海道もしくは九州を除いたくらいの大きさです。その広さで人口は約550万人です。私は北海道の人に「北海道は人口密度が高いですね」とよく言うのですが、これを聞くと皆さんきょとんとされます。フィンランドの人口密度は北海道よりぐんと少ない。それなのに、世界の幸福度は1位だったり、年によって変動はありますが必ずベスト5に入っています。経済力も教育も世界のベスト5に入ります。経済力については、ノルウェーなど資源がある北欧の国にはかなわないけれど、上位にランクインしています。しかも隣には陸続きでロシアがあり、いつ領土に侵入されてもおかしくない。フィンランド人がよく言うのは、「日本はいいですね。中国とは海を隔てており、物理的な距離があるからすぐには侵入されないが、フィンランドは隣がロシアで、核の攻撃の可能性もあるのです」と。さらに長い間、フィンランドはロシア皇帝の支配地域の一つだった歴史もあり、その前は、スウェーデンの支配も受けていました。そんな厳しい環境にあっても、フィンランド人は民族意識が高く、一種の社会資本主義として皆で支えあっています。

野地　フィンランドというと、幸福度が高くのどかな国というイメージがありますが、歴史を見ると、本当に厳しい中で独立を勝ち取ってきたのですね。

金井　フィンランドは議員の数が少なく、しかも議員は女性が多い。他の仕事を持ちながら、毎週土曜日は議会に参加して国のかじ取りをやっています。社会状況も含めて、フィンランドは逆境だからこそ強くなっているのだと思うのですよね。もう一つとても驚くのは、行政に携わる人も市民も、企業も大学も、皆がデザインという言葉をごく普通に使っていることです。「この町のデザインの中身は、こんな感じで」「美術館のデザインはこういうコンセプトで」とか「財政はこうやってデザインする」というように、ごく当たり前にデザインという言葉を使っています。

野地　日本じゃ考えられないですね。

金井　そうです。日本の国会議員は誰もデザインという言葉は使わないし、使えないです。

野地　私だってなかなかデザインという言葉は、うまく使えないですね。そういえば、フィンランドは、確か電気自動車も早くから手掛けてますね。

金井　前述のフィンランドの展示会では、デザインの話もしました。例に出したのが、自動車のデザインの変遷です。最近の車はいかにも速そうで高そうな、そして偉そうな顔つきにデザインされています。軽自動車の変遷も追いかけてみようと、スバル360から現在までのデザインを聴講者にお見せしました。

野地　軽自動車のデザインも最近変わってきていますね。

金井　世界の自動車メーカーは皆マーケットを見て、デザインの方向性を決めているのです。どういうことかというと、消費者が少し威厳のある車に乗りたいとか、速そうな車に乗りたいという願望を、企業は精度高く仕上げた結果、そういうデザインになっているのです。車のデザインは社会を表しています。60年前のポルシェやフェラーリの形を思い出してみてください。とてもきれいな形で、決して偉そうではありません。

野地　確かに。

金井　私は、デザインというものが本当に進化したのかどうか大変疑問を持っています。講演では、日本でいう「用の美」という概念ではなく、マーケットをスキャンしながらそこに媚びたデザインをしている、これが世界に広がっているのはいかがなものかという話をしました。その時たまたま、自動運転の車を開発しているベンチャーの人に出会いました。国が主催で、将来の自動運転車の開発に予算をつけるということでコンペをやっていたのです。いろいろな人が手を挙げたのですが、そのベンチャー企業のアイデアが採用され、国から開発費が出ました。4人の開発者が在籍するセンシブル4という会社が作る自動運転車は、レベル4（限定エリア内でアクセルなどの全ての操作を行う自動運転）、ハンドルもない車です。しかも、雪が降った後の凍結した道でも走行可能な技術を持っています。講演後、彼らが私のそばにやってきて、「実は車のデザインをどうするか悩んでいたのですが、今の話を聞いてデザインをぜひお願いしたい」と依頼してきました。彼らがどういう人なのかもよく知らなかったのですが、「やってみましょう」と引き受けました。以来、現地と交流して、当社のメンバーを一人、現地フィンランドへ送り、1年半くらい経ちました。そうして誕生したのが、自動運転バス「GACHA」です。ホームページでも紹介しているので、ぜひ見てください。「GACHA」はガチャガチャのガチャです。ハンドルを回すとおもちゃが出てくるカプセルトイのガチャです。

野地 ネーミングも面白いですね。

金井 デザインコンセプトは、偉そうではない。みんな何となく知っている、かわいい形、です。

野地 カプセルトイですか。面白いですね。ところで、ちょっと話が飛ぶのですが、徳島大学では今、飛ぶ車を造っています。モノづくりに長けた研究者が一人いて、その先生ともう一人が共同で飛ぶ車の開発を始めています。実は約10年前に徳島大学のキャンパス内で電気自動車が走っているのです。先生が若い学生と一緒に電気自動車を造ったのですが、当時はまだ早すぎて、電気自動車なんて！　という雰囲気があって誰も注目しませんでした。その頃、私が台湾に出張した折、いい電池があるということが分かり、「うちの電気自動車に使わせてよ」と言って、台湾の大学と電気自動車開発について協定を結び、一緒に研究を始める予定でした。ところが、その後、大企業が電気自動車の開発に着手して、予算が違うのであっという間に企業が開発しちゃった。今更こんな小さな大学で研究しても無理というので、テーマを変えて、次は飛ぶ車だ、飛ぶ車をやりなさいと言ったんです。そうやって開発していたら、世間が追い付いてきた。

金井 飛ぶ車は自動車メーカーだけでなく、ＩＴ企業も開発に着手していますね。

野地 大学で開発している飛ぶ車のアイデアは、高い空を飛ぶのではなくちょっと飛ぶ車です。普段は車として道路を移動して、この川を越えたいと思うと、ちょっと飛べる。あそこの山に登るのに、ちょっと飛んでいこうかな？ というようなコンセプトです。アイデアとしては、車輪がプロペラになるような感じです。

金井 車輪がプロペラになるというと、ドローンみたいなイメージですか？

野地 走っていて必要な時に車輪が水平になって、プロペラのように回って、それで飛ぶというイメージですね。今年中には試験走行ができそうなんです。会長のお話を聞いていて、ぜひデザインをやっていただけないですか?

金井 いいですよ(笑)。私たちはフィンランドの会社にデザインを提供していますが、当社の概念はボディのデザインをする際に、どういう社会を作りたいか、そこではテクノロジーがどのように存在するかというグランドデザインを描きます。今のお話でいえば、鍵となるのは瀬戸内です。今は瀬戸内海の島々の間を船でつないでいます。船で高松の学校まで通っていたりするので、島では廃校も多いんですよね。学校教育の現場では、生徒が1年から6年まで30名弱しかいないと、とてもネガティブにとらえています。でも逆に考えれば、そんな少ない生徒に先生がしっかりついて教育してもらえるという贅沢なことでもあります。現状を逆転の発想でとらえ、ポジティブに考えたらいいのです。そう考えると、あの瀬戸内の地形に飛ぶ車はとても面白いですね。直島などの島々でで開催される瀬戸内国際芸術祭を見に行く時にも飛ぶ車で行けたら良いのではないでしょうか。

野地 確かに海の上は高く飛ぶ必要はないですね。ちょっと海の上を行けばいいのであって……。

金井　瀬戸内国際芸術祭では瀬戸内にあれだけの人を集めますし、飛ぶ車を瀬戸内の交通インフラにしたら、今度は世界の瀬戸内になるのではないでしょうか。

野地　面白いですね。

金井　コオロギと空飛ぶ車なんて、徳島大学は話題がすごいですね！

野地　まずは自動運転で荷物を運ぶところから始めています。

金井　フィンランドの車は本当の意味でレベル4です。雪が降っても大丈夫で、しっかり走ります。従来の自動運転は、カメラがベースで、GPSを連動することで動かしています。一方でGACHAの先進技術は、風や温度、湿度、音、いろいろな五感みたいな情報を常時入れ込んで、AIが道路の状況を把握しながら走行します。決まったルートだけ運行すると割り切って、しかも個人じゃなく共有のものにしています。それを地下鉄のようなモニタールームで、運行している自動運転車を全部把握します。個人の車ではなく、公共の移動手段を自動運転にすることを目指しているのです。

野地　決まったルートを公共の自動運転車が走るというコンセプトなのですね。

金井　例えば瀬戸内なら海風といったいろいろな条件を、センシングテクノロジーを使いながら自動で車を飛ばせます。もちろん気象によっては飛ばせない時もありますが、空飛ぶ車があったら面白いのではないでしょうか。

野地　地域社会や環境に、大学の研究技術をどのようにマッチングさせていくかということをデザインできれば面白いですね。

金井　街づくりのコンセプトにしても、もう人間中心じゃダメなんじゃないかと思います。人間中心の概念は崩壊させたほうが良くて、自然中心というように謙虚になったほうが良いのではないかと思っています。

野地　徳島は自然豊かな県ですから、その概念には適しているといえますね。

金井　徳島県の上勝町はもう何年も前からごみゼロのゼロ・ウェイスト宣言を実践しています。これからは、西洋の絶対主義に対する人間の関係と、東洋のアニミズム的な考え方の両方を備えた考えが必要なのではないかと思います。今、多様性多様性というけれど、世界の構造は、先進国と言われる一神教の思想が作ったものなのです。コンピュータも自動車も家電製品もみんな西側の人が作ったものです。でも自動車も家電もコンビニも日本に持ってきて、日本ナイズされて良くなってきました。民主主義も資本主義もアニミズムの日本人がもう一度修正をかけていかないと、限界がきていますね。それなのに、企業の会計もガバナンスもコンプライアンスも米国流にと言われています。日本は戦後教育で欧米化が進み、軟弱になってしまいました。

野地 我々も大学にいると、日本がめちゃくちゃ衰退していると感じます。昔の日本は科学技術立国と言われていましたが、今は科学力が衰退していると感じています。私は、何が原因なのかと考えたのですが、一つには、小さい頃の教育が挙げられるのではないかと思っています。子供の教育がいわゆる高度成長期の頃の教育のままになっていて、均一な労働者を育てるとか、労働者として働くことが幸せな人生なんだという教育をやってきて、それがいまだに続いているような気がしますね。

金井 そうですね。1+1は2という教育ばかりなのはどうかと思います。私の子供の頃はオヤジの兄弟が9人くらいいたので、何かがあると皆親族が集まりました。そうすると、酒を飲みながら、子供に「おまえなぁ」と説教するような大人たちが周囲に当たり前のようにいたのです。子供の頃は、どうやってあのおじさんに関わらないようにするか、逃げているように見えないようにするにはどうしたらいいかとばかり考えて行動していました。日常的に、大人社会にもまれながらたくましく育ってきたのです。それに比べて現在は核家族化の進む世界で、社会にもまれる経験もなく、「〇〇ちゃん」と言われて育つ環境です。ほとんどがサラリーマン家庭の子供で、来週の土曜日は消防団の訓練があるので休みを取らせてくださいとか、青年団の会合があるので休ませてくださいなんて言う人は皆無です。会社しか知らない、世間を知らない。大人になりきれていない人が増えているように感じますね。

野地 確かにそうですね。

金井 京都大学名誉教授の佐伯啓思さんが「先祖と死者との交換」について書かれていたのですが、自分の両親、おじいさん、おばあさん、その前の人たち、という先祖がいて、そこに魂というものが介在していたのに、そういう考え方が戦後教育でなくなってしまった。社会も家庭からも全く先祖や魂という考えが消失してしまった。そうすると道徳心というものや、あるいはもっと根源的に守らなければいけないものに対しても、意識が消失してしまったのです。かつては「おじいちゃんが見ているから」「かわいがってくれたおばあちゃんが悲しんだら困るから、僕はがんばるんだ」といった考えがちゃんと生きていて、機能していました。つまり、魂というのが常に自分のそばにあったのですが、そういうことを戦後70年ちょっとの間、全く無視してきてしまいました。あれだけ多くの人の犠牲の上に成り立った戦後の高度成長ですが、その人達のことを忘れてしまったのです。例えば、3・11で身内を亡くした人たちは、10年たってもいまだに解放されずにいます。自分の娘が津波で流された父親が、60歳を過ぎて潜水士の免許をとって海の中に潜っているという報道がありました。潜ったってもうそこに娘さんはいないかもしれないけれど、娘さんのいたところに寄り添いたいという気持ち、それが人間だと思うのですよね。そういう感覚を日本社会が忘れてしまった。野地先生がおっしゃった教育だけではなく、社会が構造的に変革してしまったということがあるのでしょうね。

野地　そうですね。良くも悪くも社会は常に変化し続けているのに、教育制度だけが変わっていないというか。我々も、大学を変えなくちゃいけないという意識はあるのですが、なかなか難しくて、どうしたら変えられるのかと。でも、本当にやるんだったら結局は我々がやるしかないわけですから、様々な可能性を常に模索しています。

金井 そうですよね。だから、いい連帯をどんどん作り上げて、飛ぶ車もまずやってみようとはっぱをかけないと。当社にしても、全体をもっと引っ張り上げなければなりません。先日、福島の浪江町の第一原発のすぐ近くに住んでいた地域の人の帰還がやっと許可されました。もともと2万1000人位住民がいた町なのですが、ようやく1500人戻りました。ある酒造会社は元々浪江町にあった酒蔵が津波で流されて、会津のほうに避難していたのですが、戻ってきました。戻ってきた人のために道の駅が作られたのですが、そこに無印良品の店を出してほしいということで、住民1500人の町に出店をしました。

野地 1500人に対する無印良品というのは画期的ですね。

企業統治に大切なのは思想を共有すること

野地　ちょっと話が変わるのですが、御社の店舗は今1000店舗を超えていますか？

金井　世界も含めるとそうですね。

野地　参考に1000店舗をコントロールする極意のようなものを、教えていただければと思うのですが。

金井　極意と呼べるものはありません。まだ世界でたった1000店舗なのです。私は長期的には日本で3000店舗、海外では1万店舗は必要だから、まず全世界で1万3000店舗くらい作りたいと言っています。

野地　そうなんですね。

金井　イメージとしては、そうです。それが今年の新入社員が定年になる頃にできるかどうか、私には分かりません。でも、大体その頃までには、達成したいと思っています。人間生きていくには靴下もはくし、パンツもはく。タオルも必要です。本当に生活に必要なものは買いますよね。それには凝ったデザインもいらなければ、こうしたほうが売れやすいという装飾もいらないし、本当に基本的な必需品が良質で、しかも安くてみんなが買える、そういうものがあればいい。それに地元で採れた野菜や肉を売る店があって、私のイメージとしては、そこに町の保健室のような、未病、病気にならないような相談ができる場所があればいいと考えています。みんなで歩いたり、ラジオ体操を一緒にやったりするのです。たまにはみんなで料理を作ったり、あるいは病気になったら、お薬の手配もできたりするような場所を生活圏においておきたい。生活圏において、それらをコミュニティセンターにしていく。そんなことが、あちこちのコミュニティで実現し、政治だけではない自助、自治という社会になることを目指しているのです。

野地 そこに必要なマネジメントはなんですか？

金井 どうやってマネジメントするかということはなく、その思想を共有することを徹底的にやろうとしています。思想をしっかり共有したうえで、始まるのです。日本にもともとあった哲学のような感じですね。それをきっちり共有して。

野地 その通りです。

金井 それができれば、みんなが考えて運営していく店が1万3000店になる。ガバナンスということでいえば、私たちの会社でいえば、社外取締役がいたり、取締役会がガバナンスになる。無印良品の思想的なことでいえば、アドバイザリーボードというメンバーがいる。それと、各地域における店舗では、各地域のお客さんたちがガバナンスになる。それにもう一つ、私たちは上場しているので、株主が私達のお客さんであり、ガバナンスで、株主総会で「こういう店があった」「こんなことをやったほうがいい」という意見も出ます。そういう4つのガバナンスを抱えながら、あとは皆に任せる。おそらく、そんな上場企業は存在しないのではないでしょうか。今までの資本主義の概念ではありません。会社は株主のものといっているが、最近見直しの風潮もあり、そんな時代ではないし、新しい資本主義の概念を作っていきたいと思っています。

野地　例えばマクドナルドなどフランチャイズ的なマニュアルを決めてというガバナンスではないということですね。

金井　そうです。ただ、そうはいっても、たとえば靴下のように、グローバルに共有したほうがいい商品もあるのは事実です。7割は共有したほうがいいと考えています。

野地　共有する商品もあるのですね。

金井　はい。それで、残りの3割くらいはローカルで地域のものを仕入れるのです。バラバラにするのではなく、共有化したほうがいいものは共有する、という感じです。

野地　例えば1000店舗で社員教育はどういうイメージなのですか？　社員の方に無印良品の思想や哲学を教える教育の仕方というのは、システムを作って行っているのですか？

金井　大したものはないですね。そんな話を役員行脚といって、全世界の経営陣が社員やスタッフの皆さんのところに行って話してくる。私は創業のコンセプトを作った田中一光さんや堤清二さんがどんな言葉を言っていたか、無印良品が地方でどのように広がっていったかを言葉で残そうと思っていました。また誕生から40年たって、どういう商品を作ってきたか、というアーカイブを本にしました。そして、創業30年から40年の間にどんな活動をして、何をしてきたのかを外部の方に寄稿していただき、本にまとめました。様々な媒体を通じてコミュニケーションを継続していきます。他にも「2100年の社会に向かって皆で考えていこうよ」とか、「新自由主義は、何をもたらしたか」、「グローバルな金融システムが広がってきたことでどんな弊害があるか」などについてディスカッションしたりしています。そして大戦略

「役に立つ」を作りました。

野地　そうなんですね。

金井　会社には社員皆が知っている「役に立つ」という大戦略があります。40年前に田中一光さんが提唱した5つのキーワードがあります。「傷ついた地球の再生」「多様な文明の再認識」「快適・便利追求の再考」「コンチネンタルスタイルからの脱却」「新品のツルツル・ピカピカでない美意識の復興」。40年前に無印良品をつくるときにすでにこのようなことを議論しているのです。当時の日本で他にはこのような議論はされていませんでした。その後、この5つに、「つながりの再構築」を足しました。近代技術が作り手と消費者を分断させたことで、お互いのことを考えることはなくなっています。作っている人も自分たちが作ったものを誰が食べるか分からなくなってきました。だから、健康や自然のことを考えず、農薬を大量に使って、生産量を上げればいいやという思考になってしまったのです。また、「お互いさま、おかげさま、お疲れさま」を世界語にしたい。「よく食べ、よく歩き、よく眠り、よく掃く」。掃くは整理整頓という意味もあります。人間本来の営みを復活させようということです。私から言わせるとスマホで食事を頼み配達してもらうという便利さに安易に依存すべきではないと思います。自分のエネルギーを使わないで、他人や機械にやってもらうことを便利と呼んでいますが、人間らしい生活を放棄しています。必要なのは、「快適・便利追求の再考」なのです。方法ばかり考えて、自分のエネルギーを使わないのはいけません。そういう社会は持たないと思います。

野地　快適・便利追求の再考ですか。人は易きに流れるけれど、これからの社会はそれじゃダメですね。今日はありがとうございました。

あとがき：コオロギ研究所の設立にむけて

地球に生命が誕生して、40億年と言われているが、現在の状況を見ると、最も繁栄しているのは、人類ホモサピエンスと昆虫類である。ある意味で、全く逆の戦略で地球上に繁栄している。ヒトと昆虫の関係で最も古いのはハチで、蜂蜜が目的である。次に、絹の材料を提供したカイコは、蚕と漢字で表現されるように、繊維産業の中心であった。しかし、合成繊維の発達により、既に繊維用の蚕の時代は去った。欧米諸国の学術研究の世界では、ハエ、小さなショウジョウバエの研究が主流である。このハエを利用するメリットは、世代交代が10日程度と非常に短いので、遺伝の研究が短期間でできることである。それで研究がスタートしたのが、今から120年前である。多くの素晴らしい研究成果を生み出し、その結果としてヒトを含む、生物の基本原理が解明され、生物学・医学の発展に貢献している。現在も、ハエの研究はバイオ研究の先端を進んでいるが、海外が中心である。ヒトと昆虫は一見大きく異なっているが、体の大きさの決定、寿命の決定、自然免疫、再生、記憶などの基本原理は同じだからである。ハエでまず研究して、その知識を基にヒトについての知見を得ることができたからである。基本的には、ハエの代わりにコオロギを用いてもヒトの知見を得ることができる。コオロギも世代交代は60日程度かかるが、ゲノム編集技術の利用、RNA干渉が有効であることに加えて、大きな全ゲノムの塩基配列の決定もほぼ完了したことから、方法論の壁はかなり低くなったと考えている。しかも、今後貴重なタンパク質の供給源になるコオロギは、ヒトの生活に必須の材料となる。地球の各地域に、コオロギの生産拠点が誕生し、簡単に大量にコオロギが入手できる環境ができる。つまり、世界でコオロギを研究する環境が整備されることになる。さらに、コオロギを利用した医療系を含む様々な産業が生まれる可能性を本書では示してきた。コオロギは様々な観点からSDGsの達成にも寄与し、世界を救う第三の家畜化昆虫になる。

地球の環境問題や人口増加問題を案じて、大胆なプロジェクトを進めている実業家が米国にいる。イーロン・マスク氏である。太陽光発電所、電気自動車の企業であるテスラ社を共同設立し、さらに、火星への移住を考えて、ロケットを打ち上げるスペースX社を共同設立している。天才的なイーロン氏は特別な存在かもしれないが、環境悪化の問題に正面から取り組んでいる。それで今では世界トップクラスの富豪になったと言われている。我々も、地球の食料問題や健康問題を解決するために、正面から取り組まなくてはならない。その一つとしてコオロギを研究し、利用したい。それを実施する株式会社コオロギ研究所が必要であり、それを設立したいと考えている。

徳島大学のコオロギ研究室では、約24年の間に、約240人の学生が研究し、卒業した。世界から留学生や研究者が来て、研究を行った。研究者としては、米国から、メイン州のボウディン大学のH・W・ホッチ博士が家族全員を連れて、2011〜2012年の1年間、徳島大学で研究を行った。また、デトロイトにあるウェイン州立大学のA・ポパディチ博士は娘を連れて、2013〜2014年の1年間、徳島大学で研究を行った。イタリア、エジプト、中国からの留学生が良い研究成果をあげた。

私の行いたい基礎的な研究について、最後に少し紹介させていただく。

昆虫の擬態への興味が、コオロギの研究を行うきっかけになったが、擬態のメカニズム解明は進んでいない。その突破口は、ゲノム情報の解析にあると思っている。昆虫の形態は、ゲノム情報にコードされている。最近、ヒトの顔をヒトのゲノム情報から予測できるとの報告があった。それができるのであれば、昆虫の形態もゲノム情報から予測できるであろう。そのためには、ビッグデータと人工知能（ＡＩ）が必要かもしれないが、実現可能なレベルである。もし昆虫の形態が予測可能になれば、逆に形態をデザインしてゲノム編集をすることにより、地球や人類の課題を解決する安全な昆虫を作ることが可能となる。私が擬態の研究をスタートした約30年前に、「コオロギを花に擬態した花コオロギに人工進化させる」という究極の目標を設定したが、それが実現できるかもしれない。

これまでのコオロギの研究にご協力していただいた多くの皆様に感謝する。コオロギが食料としても研究用のモデル生物としても非常に有用であることを広く広報し、世界の危機を救うことに貢献したい。

本書の執筆にあたり、ご協力いただいた皆様に感謝の意を表します。特に、本書の出版をご支援いただいた濱本恒男様に感謝申し上げます。また、本書の出版にあたり、第5章の欧州事情について記事を提供いただいたメレンダ千春様と編集をしていただいたオフィスＲ＆Ｍの岩城レイ子様と小学館様にも感謝致します。２０２１年6月、徳島にて。

野地澄晴［のじ・すみはれ］

徳島大学長。1948年、愛媛県松山市生まれ。1970年、福井大学工学部応用物理学科卒業。1980年、広島大学大学院理学研究科修了（理学博士）。1980年、米国衛生研究所・客員研究員。1983年、岡山大学歯学部助手。1992年、徳島大学工学部教授。2012年、徳島大学理事、2016年から現職。専門分野は、発生・再生生物学。「徳島大学が世界の課題を解決して、最も豊かな大学になる」が大学経営の目標。

図版作成／タナカデザイン
対談撮影／矢口和也
校正・校閲／牧智美

最強の食材
コオロギフードが地球を救う

二〇二一年　八月三日　初版第一刷発行
二〇二一年　八月二十五日　第二刷発行

著者　野地澄晴
発行人　川島雅史
発行所　株式会社小学館
〒一〇一－八〇〇一　東京都千代田区一ツ橋二ノ三ノ一
電話　編集：〇三－三二三〇－五五八五
販売：〇三－五二八一－三五五五

印刷・製本　中央精版印刷株式会社

Printed in Japan ISBN978-4-09-825404-0